关税博弈

蓝庆新 杨鹏辉 田庚／著

企业管理出版社

图书在版编目（CIP）数据

关税博弈 / 蓝庆新，杨鹏辉，田庚著． -- 北京：
企业管理出版社，2025．7． -- ISBN 978-7-5164-3310-2

Ⅰ．F745-49

中国国家版本馆 CIP 数据核字第 20254NW560 号

书　　　名：	关税博弈
书　　　号：	ISBN 978-7-5164-3310-2
作　　　者：	蓝庆新　杨鹏辉　田庚
策　　　划：	朱新月
责任编辑：	解智龙　刘畅
出版发行：	企业管理出版社
经　　　销：	新华书店
地　　　址：	北京市海淀区紫竹院南路 17 号　邮　　编：100048
网　　　址：	http://www.emph.cn　电子信箱：zbz159@vip.sina.com
电　　　话：	编辑部（010）68487630　发行部（010）68701816
印　　　刷：	北京科普瑞印刷有限责任公司
版　　　次：	2025 年 7 月第 1 版
印　　　次：	2025 年 7 月第 1 次印刷
开　　　本：	710mm×1000mm　1/16
印　　　张：	16 印张
字　　　数：	172 千字
定　　　价：	78.00 元

版权所有　翻印必究　·　印装有误　负责调换

前言 PREFACE

关税是一国政府根据法律法规,对通过其关境的进出口商品征收的税。针对国家间的贸易征税成了政府扩大收入来源、增加国家财富的重要手段。古代雅典的"包税制"、古代中国的"关卡税"和"市舶税"等,无不体现现代关税的影子。人们需要贸易互通有无,满足自身消费需求;国家需要税收积累财富,保护国家利益。

大航海时代使得各国贸易关系更为紧密,机器化大生产带动了全球产业大发展,近现代民族国家的意识主体逐渐形成,关税被视为保护本国产品和产业的重要手段。尤其是那些在大航海时代崛起的早期资本主义国家,重商思潮兴起,更注重关税对国内生产的保护,倾向于对本国进口商品征收高额关税,通过限制进口增加本国生产,鼓励出口,为本国产业找到更好的全球销路,前提是其他国家不能收取高关税,以便让本国商品倾销到其他国家。

本着利益独享的思维,早期资本主义国家用坚船利炮打开中世纪传统国家国门,后者沦为殖民地、半殖民地国家,长期处于极低的关税状态,关税不能自主,国内产业受到极大的冲击。如中英鸦片战争的结果就是,战败的清政府丧失关税主权,其"值百抽五"的关税水平甚至低于现代发达国家。

早期资本主义国家为了利益损人利己,把关税变成没有硝烟的战争，是导致殖民地、半殖民地国家贫困的重要原因。同时在发达资本主义国家之间，为了贸易利益进行关税博弈也屡见不鲜，彼时出现了德国李斯特、美国汉密尔顿等一批持"保护关税论"的代表人物，欧美列强之间在关税问题上你争我夺，干扰了国际贸易的自由发展。居高不下的关税壁垒不仅制约了全球经贸的发展，也给各国带来了矛盾，第一次世界大战和第二次世界大战都回避不了法德之间的矛盾，而两国矛盾与贸易战、关税博弈息息相关。关税博弈成了世界发展抹不去的阴霾，我有你无，我多你少，关税博弈带来的冲突和矛盾几乎伴随着第二次世界大战前的世界贸易发展。

第二次世界大战后，随着世界民族解放运动的兴起，殖民地和半殖民地国家纷纷独立，获得关税自主权，原有的弱肉强食的关税体制发生变化，且随着全球市场经济发展，跨国公司世界布局的步伐加快，全球化潮流势不可当，零和博弈的关税对抗不再符合发展潮流，各国贸易影响的是各自利益。尤其是全球价值链和产供链的形成，各国经济你中有我、我中有你的格局深化，关税博弈带来进口商品价格上涨，跨国公司利益受损，降低关税壁垒、实现贸易自由化和便利化成为各国呼声。

WTO 的建立正是这一呼声的体现，发达国家和发展中国家根据自身发展情况，制定相对和谐、有利于各自发展共赢的关税税率，并朝着取消关税壁垒方向发展，贸易包容性增长理应成为主流。但是，总是有着不和谐的逆全球化措施，第二次世界大战后的关税博弈硝烟也并未散去，基于贸易顺差而产生的关税斗争仍然给世界经贸带来阴霾。总有部分国家无视 WTO 规则，掀起贸易战风潮，通过单边或相互加征高额关税，迫使对方在贸易政策上让步，妄图重返过去那种零和博弈的单赢状态，但实际上带来的绝不是自身获益。

事实证明，在全球化潮流势不可当的今天，关税博弈没有赢家，带来的是利益双输，损人而不利己，也给世界经济带来没必要的扰动，影响全球人民的福祉和进步。

本书全面回顾了历史上爆发的各种关税博弈，对关税博弈所带来的各种问题和损失进行了分析，意图说明各国人民的福祉在于合作共赢而非零和博弈，关税博弈不符合人类发展利益。贸易争端应当用谈判协商解决，贸易自由化和便利化才是我们需要的，希望关税博弈的硝烟早日散去，还世界太平，让建设人类命运共同体变成全世界的共同认知和共同责任。

对外经济贸易大学国际经济贸易学院副院长、教授、博士生导师

蓝庆新

目录
CONTENTS

第一章　　什么是关税 / 001
　　　　　　——从"过路费"到国家"武器"

1.1　世界关税简史 / 003
1.2　关税的作用：保护了产业，却让鸡蛋涨价 / 017
1.3　关税的类别：保护、惩罚以及报复 / 029

第二章　　为什么会发生关税战 / 047
　　　　　　——看不见硝烟的战场

2.1　关税战的概念：国家间的"涨价互撕" / 049
2.2　关税战的影响：从经济到民生 / 054
2.3　关税战的演进：从 19 世纪欧洲到 21 世纪中美，为何总在循环 / 063

第三章　　历史上的关税战 / 067
　　　　　　——荒诞与教训并存

3.1　英国与美国的关税争端：独立战争的经济背景 / 069
3.2　19 世纪欧洲关税同盟的崛起 / 073

3.3　清朝与西方国家的关税战：贸易限制、摩擦与鸦片战争的导火索 / 075

3.4　1930 年大萧条元凶：美国《斯穆特 – 霍利关税法》如何让全球贸易崩盘 / 079

3.5　美日半导体战：日本如何从"芯片霸主"跌落神坛 / 083

3.6　2018 年中美贸易摩擦 / 086

3.7　欧盟对华电动汽车反补贴案：全球汽车产业新秩序的分水岭 / 096

3.8　21 世纪的关税战：全球化时代的博弈 / 104

第四章　关税战下的企业生存指南 / 109
——关税战中的"避坑密码"

4.1　预警：看懂唐纳德·特朗普推文能否预测关税风暴 / 111

4.2　侦察：关税政策的细节掌控与时机把握 / 137

4.3　破阵：规则漏洞狙击，撕开关税铁幕的"缺口" / 152

4.4　奇袭：越南、墨西哥成了"规避高额关税的天堂" / 167

4.5　突围：破解关税壁垒，发掘潜在新兴市场 / 194

第五章　关税战下的百姓生存法则 / 221
——小人物的大时代兵法

5.1　投资：关税对冲基金与避险资产配置 / 223

5.2　消费：重置购物车，实现短期适当"节流" / 228

5.3　择业：新业态下的长期"开源"策略 / 230

5.4　学习：让知识成为乱世硬通货 / 233

5.5　美国加征关税背景下的思考 / 235

参考文献 / 242

第一章

CHAPTER 1

什么是关税
——从"过路费"到国家"武器"

"关税是对输入或输出君主领土的货物所课征的一种捐税。""关税最初是为了保护进出口的货物免遭海盗劫掠而送给君主的报酬。"以上出自英国古典政治经济学家威廉·配第代表作《赋税论》。

第一章 什么是关税——从"过路费"到国家"武器"

1.1 世界关税简史

1.1.1 欧洲关税史：从塞琉西亚陶片到现代海关编码

提起关税，总是让人联想到贸易商船在大海上穿梭的场景。因此，想要探究关税的由来，不妨从欧洲这一海洋文明的摇篮说起。

将时间调回公元前3500年，在底格里斯河与幼发拉底河之间，苏美尔人用楔形文字记录着粮食、木材的贸易盛况。但考古学家惊奇地发现：即使在刻着《汉谟拉比法典》的石柱上，也找不到任何关税记载。直至公元前1000年的阿契美尼斯王朝时期，几乎找不到证据表明美索不达米亚存在过海关或关税。直到塞琉古王朝（公元前312年至公元前64年），在塞琉西亚出土的数千刻字陶片，证实了当时商品贸易管控与征税体制的存在。

几乎与美索不达米亚同一时期，古埃及文明在尼罗河两岸的狭长地带兴起。考古学家通过阅读尼科国王的墓志铭，确认新王国时期（公元前1553至公元前1085）可能存在过"十分之一关税"。

视线转向爱琴海，公元前683年，雅典结束王政时代，迈向奴隶制社会，并逐渐形成城邦。从公元前413年开始，雅典开始征收2%～5%的进出口税，并实行"包税制"——将征税权承包给民间商人。由于政府常设收税员的成本过高,特别是彼时征收关税还不是一种常识,善于应对复杂征税情形的税收承包商便成为优选。因此,古希腊海关工作人员实为承包商雇员,而非政府官员。

随着希腊并入罗马版图,约公元前199年罗马共和国开始征收名为"Portorium(源自拉丁语,意为港口)"的海关税,实际上是关于行省边界税、入城税、过桥费的统一税。值得一提的是,罗马海关管理的重要见证,是公元137年巴尔米拉绿洲的关税石刻——人类早期的商品差别税率表之一。石刻详细列明骆驼、毛驴等商品的计税数量及对应税额,采取从量税,避免了征税官"看人下菜碟"随意确定税率的操作。公元330年,君士坦丁迁都拜占庭,将其更名为君士坦丁堡。拜占庭帝国施行的海关税制包括八分之一税制(Octava)、十分之一税制(Dékatè)以及商业税(Kommerkion)税制。八分之一税制在《民法大全》中有记载,是结合海关税与销售税的综合税。12.5%的从价税中包含2.5%海关税和10%销售税,后逐渐被十分之一税制取代。十分之一税制由查士丁尼一世推行,税率为10%,后又被商业税取代,但这两种税制之间的差别并不明晰。负责征收商业税的收税官被称为商官,而商官原本是受罗马帝国委派在东部边境处理丝绸业务的商人,这与雅典实行的"包税制"不同。

中世纪,系统及合理的税收政策似乎从来不存在。封建领主以及权力阶级总是力图增加他们的收入,而他们增收的主要便利渠道就是压榨商人。当商业在欧洲重新兴起、河道运输变得普及时,沿河道出现了大量的海关或收费站,以向商人征收海关税或

第一章　什么是关税——从"过路费"到国家"武器"

通行税。14世纪末期，沿着莱茵河有64个收费站，易北河有3个收费站，多瑙河有77个收费站。同时，从12世纪起，上百种关税便开始存在，各种新奇税种不断被封建主发明出来，如过桥税、酒类税甚至"勒索税"或其他随时可能冒出的新名目。随着欧洲大陆上统一国家的相继建立，系统的国境关税才随之确立起来，"雁过拔毛"的税收乱局才逐渐改变。

现代海关制度的雏形可追溯至英国都铎王朝（1485—1603年）。在这一时期，全国统一的海关税册开始出现，用以应对海关估价这一项棘手工作，以及避免海关和商人之间在执行时的矛盾。最早有记录的税册出现在1507年7月15日，有大约300种货物按照字母顺序排列。都铎王朝税册除了对酒、羊毛等少数商品实行从量税外，其余过境商品统一征收5%的从价税。

实行单一税率看似简洁，却面临挑战。将许多商品强制归入固定的估价体系，如同将形态各异的货物硬塞进标准集装箱。而税册中商品价值多年未更新，在通货膨胀的作用下，税率依然是货物价值的5%，实际上造成了关税收入的减少。

18世纪后半叶，工业革命使英国成为"世界工厂"。英国的关税政策随之转向自由贸易：1842年关税改革取消400余种商品关税，至1860年全国仅26种商品象征性保留关税。这种激进开放政策持续至19世纪末，新兴工业国崛起迫使英国于1915年重启保护性关税，对汽车、手表等工业品征收33%的高税率。

法国关税史堪称改革连续剧。路易十四时期财政大臣柯尔贝尔首创全国海关体系，在1664年北方五大农场区推行进出口统一关税，通过提高进口税率、降低出口税率保护本土产业。1667年柯尔贝尔规定了崭新的海关边界线，该边界同法兰西国家边界完全一致。法国关税政策在拿破仑三世时期（1870年前）推行自由贸易，其倒台后转向保护主义。1892年"梅利纳关税"创欧洲第二高税率，并发明"最低限额关税"条款，对互惠国实行差别待遇。

我们时常好奇，海关税则到底是何时，又是怎样完成了对货物从字母顺序排列到系统分类的转变的？在18世纪及以前，几乎所有西方国家的税则中的商品目录都是以字母顺序而定的，如都铎王朝税册，甚至在19世纪还可以看到很多以字母顺序为基础的情况。到了1822年，法国关税税则在商品分类体系上突破传统，率先采用自然属性分类法，是法国税制发展的最大成就，这为法国现代海关目录奠定了重要基础。

德国关税史是其国家统一运动的缩影。1818年普鲁士率先建立北部关税区，对工业品征收10%统一税，原材料免税。这一改革引发连锁效应，1834年18个邦国组成德意志关税同盟，形成覆盖230万人口的统一市场。1871年德意志帝国成立后，关税政策延续自由贸易传统，95%进口商品免税。20世纪初，德国转向温和保护主义，维持适中关税水平。这种渐进式改革既避免了英国式的剧烈波动，又不同于法国的政策反复，通过制度稳定性支撑工业化进程，最终成就其"欧洲工业引擎"地位。

1.1.2 美国关税制度的"保护主义基因"

2025年2月起，特朗普政府频繁对外加征所谓"对等关

第一章 什么是关税——从"过路费"到国家"武器"

税",对中国加征关税税率更是累计达145%,已明显超出常规范畴。因此,我们有必要单独梳理美国关税历史,好好挖挖美国关税里的保护主义"老底"。

美国海关制度的正式确立可追溯至1789年。1783年9月,美英在巴黎签署和平协议,承认美国13州独立,但13州仅为邦联条款下的松散联盟,尚未形成统一海关关境,新生的联邦政府亟须建立全国统一的税收体系。1787年出台的《美利坚合众国宪法》为美国建立全国统一的海关和关税系统打下基础,随后1789年美国首部《关税法案》应运而生,标志美国海关正式成立。关税收入成为早期美国联邦政府的主要财源——在1789至1791年间,关税占联邦收入的90%以上。

整个19世纪,美国的关税政策在贸易保护和自由关税之间来回徘徊。19世纪上半叶,英国工业品的倾销引发美国贸易保护浪潮。1816年出台的《关税法案》,除了规定高关税税率外,还首创"最低限价"条款,通过提高商品估值打击低价进口商品,自此开启系统性保护主义立法。至19世纪30年代,南北矛盾凸显:北方要求提高英国工业制成品关税,南方经济则依赖对英国棉花出口,担忧遭报复。1833年《折中法案》出台尝试缓解南北冲突,计划到1842年美国免税商品名单将进一步扩大,关税均以20%的从价税征收。直到1860年以前,美国基本处于一个低税赋的时期,但仍未能阻止1861年《莫瑞尔法案》引发的宪政危机。该法案大幅提高关税税率,直接触发南北战争,战争期间应税商品平均税率达47%,关税收入占联邦财政60%以上。

• 关税 博弈 •

　　历史正在重现。2025年4月16日，美国加利福尼亚州（以下简称加州）州长加文·纽森宣布，就加征对等关税问题起诉特朗普政府[①]。加州成为全美第一个就关税问题起诉联邦政府的州。而在此事件发生的两周前，加文·纽森就已经表示美国联邦政府的关税政策不代表所有美国人。

　　位于美国西南部的加州，不管是人口数量还是经济规模，那都是妥妥的美国第一大州。以2024年为例，加州进出口贸易总额直逼6750亿美元，中国、墨西哥、加拿大是加州重要的出口目的地。

　　仅一周后，司法挑战迅速扩散。4月23日，纽约、亚利桑那、科罗拉多、康涅狄格等12州，在美国国际贸易法院发起集体诉讼，要求终止特朗普政府的关税措施[②]。值得关注的是，除加州所在的西部-西南经济带外，纽约、缅因、明尼苏达等北部工业州亦加入战局，折射出关税政策对制造业、农业、科技产业等多元经济体的普遍冲击。特朗普政府以"对等反制"为名推行的关税升级，正触发美国建国以来罕见的联邦-州权力角力。

　　内战结束后，美国关税政策呈现周期性波动。19世纪末《麦金莱关税法案》确立"资源保护主义"理论，以高关税扶持本土产业。至1930年，共和党主导的《斯穆特-霍利关税法》

---

① 新华社，美国加州起诉特朗普政府滥用关税政策"违法"，央视网，https://news.cctv.com/2025/04/17/ARTI8goBqE2sDRq7ArhcffkC250417.shtml。
② 美国13州起诉特朗普政府：不计后果的关税措施引发混乱，中国新闻网，https://news.cctv.com/2025/04/24/ARTInsUxyGlItaFKq7wK0mwa250424.shtml。

将平均税率推至 50% 以上，虽然保护了国内产业，却也加剧了大萧条时期的国际贸易紧张。而 1930 年该法案引入的以"美国售价"和"402 条款"为基础的海关估值体系，成为后续国际贸易协定谈判的争议焦点。罗斯福新政时期，美国开始调整极端保护主义政策。1934 年《互惠贸易协定法案》授权总统通过国际谈判降低关税，标志着美国转向多边贸易体系，但仍保留了"301 条款"等单边保护工具。

1.1.3 中国关税制度的"税"月长歌

中国关税制度可追溯至夏商周时期。即使以夏朝末期（公元前 1600 年）计算，也要比整个西方早五六百年。《夏书》有之曰，"关石和钧，王府则有"，表明夏朝已建立标准化计量体系征收关税。西周时期，关税职能明确纳入国家礼制体系，《周礼·天官》将"关市之赋"列为九大税种之一，兼具军事防御与财政功能。春秋战国时期，关税成为诸侯国的重要财源。《管子·问篇》中记载："关者，诸侯之陬隧也。而外财之门户也……征于关者，勿征于市，征于市者，勿征于关。虚车勿索，徒负勿入，以来远人。"管子主张轻税负，不要重复征税。这反映了当时战争频繁，列国遍设关卡，以弥补军费开支的事实。秦朝统一后，撤销了诸侯关卡，保留边境"关都尉"行使征税权。

汉代关税政策呈现周期性变化。文景时期不征关税，武帝时期重启关税以充军费，《汉书·武帝纪》载，太初四年"税出入者以给关吏卒食",体现了关税的财政属性,东汉末年税率攀升,关税渐成苛政。曹魏推行"什一税"改革,统一关税税率为10%。《魏书》记载:"关津所以通商旅,池苑所以御灾荒,设禁重税,非所以便民,其除池御之禁,轻关津之税,皆复什一。"南朝又出现牛埭税(水道通航税)和桁税(浮桥通行费)。这一时期,中国关税多为国内关税。

隋朝关税仅占财政收入中的一小部分。唐朝海陆贸易发达,开始出现国境关税。唐朝设立市舶使专司海外贸易管理,玄宗时期广州设市舶使,负责征收国境关税及其他事务,德宗时期推行"关津税"改革,旨在增加财政收入。唐朝首创"舶脚费"制度,对进口商品按值抽税,在形式上看属于从价税。到了宋朝,海外贸易进一步发展。北宋建立了系统化的市舶司体系,设立广州、泉州、明州(古代宁波)三大口岸,实行"抽解+禁榷+博买"的三级税制。边境榷场贸易兴盛,茶马互市成为重要财政收入来源。南宋延续海外贸易优势,关税占财政收入比重显著提升。

元朝继承前朝经验,继续完善市舶司制度。元朝实行了有差别的进出口税率,开始运用关税保护手段调控贸易,如鼓励出口和限制进口。明朝建立钞关税(商船税)与工关税(建材税)分类体系,并沿用市舶司制度管理朝贡贸易,实行免税和抽分给值的优惠税收政策。1567年开放海禁之后,市舶司职能从朝贡贸易转向海禁管理。清朝前期延续包含国内关税和国境关税的双轨税制,1684年废止清初禁海令,之后先后指定云台山、宁波、厦门、黄埔作为对外贸易口岸，设闽、粤、浙、江四大海关，确立货物税、船钞、渔税体系。国内钞关征收正杂税项，传统税制开始向近代转型。

1840年鸦片战争后，清政府被迫开放通商口岸，设立新式海关，关税自主权等逐渐丧失。1842年《南京条约》规定中国关税"不得加重""秉公议定"，1843年《五口通商章程：海关税则》将关税税率定为5%，1844年《望厦条约》《黄埔条约》更要求中国变更税则须经美法等国同意。此后，"值百抽五"的低关税率长期实行。1851年，英国人尼古拉斯·贝利斯担任江海关港务长，1854年在上海成立由英、美、法三国领事各派一人组成的税务管理委员会，自此中国海关行政管理权落入列强之手，直至1949年。

洋人进入海关后，中国海关分为新关（洋关或海关）和常关，新关管理进出口贸易，常关在国内课征货物通过税。《辛丑条约》签订后，规定通商口岸50里内常关划归洋关管辖，海关开始征收部分常关税。清后期海关税包括进口税、出口税、子口税、复进口税、船钞和洋药厘金。自19世纪60年代起，清政府将部分关税作抵押向外借债，中日甲午战争后，大部分关税用于抵偿外债和向外借款担保，中国关税收入基本控制在洋人手中。

"中华民国"成立后，北洋军阀政府沿袭清朝后期税制，关税收入是第一大财政来源。南京国民政府成立后，设立关税自主权委员会，筹划收回关税自主权。1928年至1930年，南京国民政府与列强签署《新关税条约》，形式上收回关税自主权，但其实质上仍掌握在列强手中。1931年取消厘金、常关税等国内关税，实施国境关税制度。全面抗战爆发前，关税收入占南京国民政府全部税收收入的一半以上，全面抗战爆发后，关税收入锐减。抗日战争胜利后，关税收入逐年上升，跃居各项税收第二位。1949年5月，上海解放，终止旧总税务司署对全国海关的管辖，洋人控制海关的制度覆灭，中国海关行政管理权和关税自主权被收回。1949年10月25日，海关总署在北京正式成立。

中华人民共和国成立后，由于缺少全国统一的关税法规，所以从1949年10月到1951年5月，各地的关税税则都不太一样。1950年1月，政务院颁布《关于关税政策和海关工作的决定》，规定了海关的组织体制、职能、税则税率原则等。在新的海关税则实施前，进口货物可以先沿用1948年的进口税则，出口货物可以先沿用1934年的出口税则，但部分税率需要修改。1951年5月，又颁布了《中华人民共和国暂行海关法》《中华人民共和国海关进出口税则》和《中华人民共和国海关进出口税则暂行实施条例》，中国海关法律体系和关税制度的初步框架自此确定。之后，海关继续简化纳税手续，采取集中纳税、集中划拨的方式，方便货运，保证了税款能及时清缴。

改革开放以后，恢复了关税的单独计征，对外贸公司的纳税手续也作了适当简化。1982年开始，关税税率从高关税保护原则转向了适度保护原则。1984年，国务院修改税则领导小组正式提出了改革开放时期中国的关税政策，旨在贯彻国家的对外开放政策，鼓励出口和扩大必需品的进口，保护和促进国民经济的发展，以及保证国家的关税收入。从1985年到1991年，虽然只对关税的征税范围和税率进行了小范围的调整，但由于存在许

第一章 什么是关税——从"过路费"到国家"武器"

多吸引外资的减免税收的优惠政策，所以实际关税税率并不高。1992年以后，为了适应"复关"和"入世"的谈判需要，又连续七次自主大幅降低关税税率，平均关税税率从1992年前的43.2%下降到了2001年的15.3%。从1992年1月1日起，开始实施以《商品名称及编码协调制度》为基础的新的《海关进出口税则》。

1.1.4 海关和关税的国际合作时代来临

第一次世界大战结束后，海关和关税领域开启了一个国际合作的新时代。1920年1月，国际联盟正式启动，设立了关于简化海关及其他手续的国际大会。在欧洲商人国际大会支持下，国际商会提出了第一个《关于简化海关手续的国际公约》动议，国际联盟审议后，努力形成了草案。1923年11月3日，包含23个条款的第一部国际海关公约就这样诞生了。它是唯一一部独立管理海关手续的国际公约，也被看作《京都公约》的前身。1927年5月4日至23日，在法国提议下，国际联盟世界经济大会在日内瓦举行。大会认真探讨了关税目录简化、商品分类目录统一、关税稳定性、税率采用、海关手续、贸易统计等问题。这次大会最大的成果，就是汇编了第一个国际海关税则目录——《日内瓦目录》。它由专家委员会起草，第一版于1931年完成，1937年修改，包含991个税目，归在21个部分共86章里。尽管没能推动海关税则目录标准化，但很多重点地区或国际海关税则目录，像欧洲关税同盟研究小组的税则目录、布鲁塞尔税则目录（后来变更为 CCC 税则目录）以及国际联盟《国际贸易统计最少商品目录》都以它为基础进行发展。

国际间海关和关税的再次合作是在第二次世界大战结束之后。1947 年在古巴哈瓦那举行的联合国贸易和就业大会闭幕式上提出了成立国际贸易组织的《哈瓦那宪章》，但包括美国在内的很多国家觉得它不现实，并不愿意批准。但 1947 年各国就降低关税问题达成了实质性一致。在预期的《哈瓦那宪章》生效前，需要一种机制实施和保护 1947 年谈判达成的关税减让，于是各国决定把《哈瓦那宪章》中关于商业政策的一章增补后转变为《关税和贸易总协定（GATT）》。

为了尽快实施 GATT，国际贸易组织出台了一套临时运用程序，GATT 就这么诞生了，本来作为临时协议要一直用到《哈瓦那宪章》正式生效，但因为《哈瓦那宪章》没生效，GATT 就从临时性协定变成了永久性协定。GATT 对世界经济的主要贡献是带来了一系列成功的贸易谈判，实现了大幅度关税削减，这也是国际联盟 1927 年经济大会就确定的目标。围绕 GATT 共组织了 7 轮贸易谈判，从 1947 年 4 月到 10 月的日内瓦回合到乌拉圭回合，1994 年 4 月在摩洛哥马拉喀什成功结束。在最后一轮的乌拉圭回合谈判中，通过了《马拉喀什协定》。根据这一协定，存在了近半个世纪的关贸总协定（GATT）于 1995 年 1 月 1 日过渡为世界贸易组织（WTO）。

2001 年 12 月 11 日，中国正式加入世界贸易组织（WTO）。为履行"入世"承诺，中国依据关税减让表逐年降低关税税率。自 2002 年 1 月 1 日起，中国大幅下调 5332 种商品的进口关税，关税总水平从 2001 年的 15.3% 降至 12%。至 2005 年，平均关税税率已降至 9.9%，低于发展中国家平均水平。到 2010 年，中国全面完成入世关税减让承诺，关税总水平进一步降至 9.8%，其中工业品平均税率降至 8.9%，农产品平均税率降至 15.2%，约为世界农产品平均关税水平的四分之一。

为使税则税目设置更加科学、精细，中国自 1992 年起以世界海关组织《商品名称及编码协调制度》为基础设置税则税目，并在 1996 年、2002 年、2007 年、2012 年和 2017 年与世界海关组织协调制度同步改版。同时，根据海关监管和科技发展需求，增设 1400 多个本国子目，8 位税目数从 2001 年的 7111 个增至 2018 年的 8549 个[1]。

在完成入世降税承诺后，中国持续推进自主降税。2018 年，中国先后四次实施大范围自主降税，关税总水平进一步降低[2]。至 2021 年，中国进口关税总水平降至 7.4%，贸易加权税率为 4.4%，已接近发达国家水平[3]。

如果将近 4000 年的世界关税历史浓缩为一个小时，那么以低税率和自由贸易为基调的海关和关税领域的国际合作不过才缓缓展开近 2 分钟。在漫长的关税历史中，贸易保护是一种常态，自由关税反倒成了稀缺的例外。正因这份成果来之不易，各国更

---

[1] 中华人民共和国财政部. 入世以来关税制度建设情况, https://www.mof.gov.cn/zhuantihuigu/czjbqk2011/czsr2011/201208/t20120831_679826.htm#:~:text=1992%E5%B9%B4%EF%BC%8C%E6%88%91%E5%9B%BD，%E5%A4%9A%E6%95%B0%E5%8F%91%E5%B1%95%E4%B8%AD%E5%9B%BD%E5%AE%B6%E3%80%82.

[2] 第一财经. 中国关税总水平降至 7.5% 后还要降 民生产品是重点, 央视网, https://news.cctv.com/2018/11/07/ARTIsR5YzS5EHZyPeb57Gg2T181107.shtml.

[3] 人民网. 商务部：中国进口关税总水平已降至 7.4%, https://newyork.mofcom.gov.cn/jmxw/art/2021/art_956691d14b1547e29c51710fe653e30e.html.

应倍加珍视历经艰辛建立起的国际经贸合作框架与秩序。

当下,唐纳德·特朗普正以推行远超常规尺度的"对等关税"政策,企图重拾美国过往保护主义策略带来的所谓"成功"。历史上,美国曾凭借保护主义策略先后在与英国、日本的经济博弈中占据上风。然而,今时不同往日,和平与发展早已成为时代的主旋律,经济全球化是不可阻挡的时代洪流,新兴经济体与"全球南方"国家正蓬勃兴起。唐纳德·特朗普及美国政府过度迷信昔日的"成功经验",无疑将与时代潮流背道而驰,其政策注定难以成功。

1.2 关税的作用：
保护了产业，却让鸡蛋涨价

1.2.1 古代商队为何要交"保护费"

最早的关税起到一定的"保护费"作用，这也是最野蛮的关税属性。

"Tariff" VS "Customs"

关税的英文为"Tariff"。据《大英百科全书》解释，"Tariff"一词为地名，大致在古代地中海西口距直布罗陀21英里的位置。此处有一个海盗盘踞的港口就叫作"Tariffa"，一般译作"塔利法"。据说那些因往返贸易需要经常进出地中海的商队和商船，为了避免遭受海盗的劫掠，不得不向盘踞在塔利法港口的海盗们上缴一定的随行货物，或者是一笔价值可观的"买路钱"。久而久之，"Tariff"就成为通行费的惯用叫法，后又演化为"关税"的专用名词。

然而，海盗横行的地方正是贸易的黄金水道，海盗的做法很快引起了领主们的警觉。想象一下，你是古时西方酒商船队上的舵手，随着商船缓缓驶入河口，你紧握着舵柄，并警惕地扫视着河岸。突然，一队人马拦住了你们的去路："交出十分之一的货物，否则别想通过！"但这次不是海盗，而是当地领主的士兵。船长咬了咬牙，命人搬下几桶麦酒。这不是抢劫，而是"抽征酒税"。因为当地领主宣称，商队通过缴纳货物可以换取军队保护，避免海盗劫掠。根据《大英百科全书》，由古西方商人向当地领主所交纳的例行、常规的入市税或通行税，被称为"Customary Tolls"。这便是另一个关税专用名词"Customs"的由来。

无论古今，对过境货物所征收的强制性税费，是任何政府为增加国库收入最为青睐的手段。关税收入和实现政治野心之间的关系相当密切。例如汉朝对西域商队征收"关税"，可视为中国最早的国境关税。这种关税的征收主要是为了增加国家的财政收入。宋朝市舶司对进口商品课以关税，名为"抽解"，征收一部分商品，送榷货务交易，不仅增加了国家的财政收入，还促进了海上贸易的繁荣。目前，关税收入仍是许多国家主要的财政收入来源。

"包税制"与可恨的收税员

罗马时期，税收承包商受政府委托征税。由于他们方法粗暴，特别是随意决定税率，遭到了人们的痛恨，《圣经》里经常把这些人说成卑劣的家伙，把他们和妓女、罪犯列在一起。自此，商人对于收税员的印象一直不好。同样，在中世纪欧洲，征收的通行税本应被用来维护桥梁、港口和道路，但遗憾的是所有的通行税都进入了征税者自己的腰包。

第一章 什么是关税——从"过路费"到国家"武器"

总统"操纵"市场

2025年4月2日,唐纳德·特朗普在埃隆·马斯克的X平台上评论转发了一张美国财政收入历史中关税占比变化的图表,并称"关税,而且仅仅是关税,就为我们的国家创造了如此巨大的财富。然后我们转向所得税。我们从来没有像这段时间这样富有。关税将偿还我们的债务,并使美国再次富裕起来"。据FactCheck.org报道,2025年4月8日,唐纳德·特朗普在共和党国会委员会晚宴上称"我们通过关税赚了一大笔钱,每天20亿美元",但这一说法被多方证伪[①]。

但美国媒体和舆论质疑唐纳德·特朗普及其"身边人"操纵股市、搞内幕交易以牟取暴利。唐纳德·特朗普于2025年4月2日在白宫签署关于所谓"对等关税"的行政令,宣布美国对贸易伙伴加征10%的"基准关税",引发美股暴跌,标普500暴跌4.85%。《华尔街日报》获得的交易记录显示,唐纳德·特朗普家族基金及其女婿贾里德·库什纳名下的投资公司,在3月28日至4月1日期间大规模建仓标普500指数期货空单。当全球股市因关税政策下跌时,这些空单平仓获利累计达397亿美元。

尽管数据本身就是估算,有可能需要证实,但是唐纳德·特朗普的亲属、朋友或者说关系链,从关税大战的股市、期货动荡里收获颇丰是不争的事实。4月9日,唐纳德·特朗普宣布暂停这一政策,美股应声暴涨。据美国《纽约时报》报

---

① FactCheck, Trump Expands on Dubious Daily Tariff Revenue Claim, https://www.factcheck.org/2025/04/trump-expands-on-dubious-daily-tariff-revenue-claim/.

道，9日上午9时37分，唐纳德·特朗普在其创立的"真相社交"平台上发布了一条全文为大写英文字母的帖子："这是买入的好时机！！！DJT。"仅仅约4小时后，唐纳德·特朗普就宣布了新的关税政策[①]。除了股市，唐纳德·特朗普家族还利用其他渠道将选举胜利转化为巨额财富。

唐纳德·特朗普和他的儿子埃里克·特朗普、小唐纳德·特朗普帮助创立了加密货币公司世界自由金融公司（World Liberty Financial），通过出售其数字代币"世界自由金融币"（$WLFI）已经筹集了超过3亿美元；梅拉尼娅·特朗普也加大了赚钱的力度，她收取六位数的演讲费用；小唐纳德·特朗普加入了一系列公司的董事会，这使得这些公司的股票大幅上涨[②]。

1.2.2 关税不仅仅作为国家收入

关税在历史发展过程中，其作用经历了多次演进。对处于不同经济发展阶段的国家来说，关税和税则的作用比以往任何时候都广泛得多。例如古罗马帝国时期，恺撒大帝对东方丝绸征收高额关税，目的不仅是增加收入，更是阻止金银外流，防止经济失衡。中国西周时期的"关市之赋"虽以财政为主，但诸侯国间的关卡税也隐含对贸易路线的控制。

[①] 环球时报.戴润芝，孙依佳：特朗普阵营借股市牟利？有议员要求调查美总统社媒发文是否涉嫌内幕交易或市场操纵，环球网，https://world.huanqiu.com/article/4ME4v1gFEx5；新华社.一天获利4.15亿美元，特朗普被质疑操控股市，北京日报，https://xinwen.bjd.com.cn/content/s67f8f6b4e4b08edd28f7702a.html.

[②] 华尔街日报（WSJ）. How the Trumps Turned an Election Victory Into a Cash Bonanza, https://www.wsj.com/politics/elections/trump-family-election-cash-bonanza-2f5f8714.

第一章 什么是关税——从"过路费"到国家"武器"

古罗马恺撒大帝对东方丝绸征收高额关税以防止金银过度外流

丝绸之路开辟后，中国丝绸开始大规模地传入罗马共和国。罗马人对丝绸的热烈追捧，使得丝绸贸易日益兴盛。但当时罗马共和国大量进口东方的丝绸等奢侈品，而出口到东方的商品却很少，导致罗马的金银大量流向东方。罗马作家老普林尼曾惊呼："我国每年至少有1亿赛斯塔钱（约合10万盎司黄金）被印度、赛里斯（即中国）和阿拉伯半岛夺走。"这引发了罗马统治者对金银外流进而引发经济失衡的担忧。

为了保护本国的经济利益，据说恺撒对东方丝绸采取征收高额关税的措施，试图通过增加进口成本来限制丝绸的进口数量，进而缓解金银外流的压力。尽管高额关税在一定程度上限制了丝绸的进口，但由于罗马贵族对丝绸的强烈需求，贸易并未完全中断。双方通过一些间接的方式，如经由第三方转运等，继续进行丝绸贸易，只是贸易规模和数量可能有所减少。这也促使东西方在贸易方式和路线上进行了一些调整和探索，以适应新的政策环境。

西周通过征收"关市之赋"调节和控制贸易路线

之前我们提到过西周时期的"关市之赋"。它是指在关卡和市集征收的税赋，包括关税和市税。其中，关税是对通过关卡的商货征收的税。所谓关卡，即在诸侯国之间的交通要道和战略位置设置关口，如函谷关等。这些关卡不仅具有军事防御功能，还起到了控制贸易路线的作用。通过关卡的设置，可以对过往的商旅和货物进行监管和检查，限制或禁止某些货物的流通，从而影响贸易路线的选择和走向。

《周礼·地官·掌节》中记载："门关用符节，货贿用玺节，道路用旌节，皆有期以反节。凡通达於天下者必有节，以传辅之。"通过实行"玺节"等通行凭证制度，商人从市内采购的货物欲运出境外，要有司市发给的"玺节"作为出关的通行证件。而那些不在市上购买、径直在民间易货的外地商人，由于没有司市签发的"玺节"，官府则要求各地在他们把货物运到关上时，由司关统一征收一笔关税，并付之以"传"作为补办的通行证件。这种凭证制度加强了对贸易活动的监控，使得官府能够更好地掌握货物的流向和贸易的规模。

1.2.3　重商主义、贸易保护与资本积累

从中世纪开始到近代早期（公元13—18世纪），关税，特别是西方国家的关税，开始产生贸易保护与资本积累的作用。

英国的重商主义政策

公元15—18世纪，重商主义在欧洲盛行。从16世纪开始，英国为了保护羊毛纺织业的发展，相继实施了一系列严格的法规。如1489年、1512年、1513年和1536年立法禁止纺织品半成品的出口；1587年完全限制羊毛的出口；1699年的"羊毛法案"禁止进口来自殖民地的羊毛制品；1700年禁止进口印度棉织品。

在关税政策上，英国减低或免征原材料的进口税，提高出口商进口原材料的退税水平；取消大多数产品的出口税，扩大出口补贴；大幅提高进口关税。通过高关税保护，英国的纺织业得以快速发展，成为早期工业化的核心产业，带来了巨额利润的同时，推动了相关产业的发展，促进了原始资本积累。

18世纪70年代，英国自产业革命后，虽生产力迅速发展，但受重商主义政策情结的困扰，加之英国地主贵族阶级对农产品价格有强烈的保护需求，英国仍然选择了保护主义政策，如对外国制造品征收高额进口关税，当时的《谷物法》就对进口谷物维持高关税。19世纪中期，英国完成了工业革命，此时英国的工业品在国际市场上具有强大的竞争力，因此英国转而推行自由贸易政策。自由贸易政策使英国能够用高附加值的工业品交换别国的廉价原料和初级产品，进一步促进了资本积累。

引发战争的法国关税政策

17世纪，在财政大臣柯尔贝尔的建议下，法国提高关税税率，以保护本国工业，引发了其与英国、荷兰的贸易冲突，史称"引发战争的关税体系"。此后英国不断提高法国货物进口的关税，并长时间阻止法国货物进入英国；荷兰则干脆禁止进口法国葡萄酒和白兰地，并对法国奢侈品征收高达50%的关税，荷法之间的贸易冲突最终导致双方开战。战争结束后，法国妥协，降低了自己的部分关税。

美国的高关税政策

美国建国后,在首任财长亚历山大·汉密尔顿贸易保护主张影响下,选择高关税政策。1806年美舰"切萨皮克号"遭英国海军袭击,美国国会通过了《禁运法案》,禁止美国船只驶往外国港口,虽未对英国造成影响,却使美国制造业因没有外部竞争而得到发展。1812年开始的第二次英美战争期间,进口品的缺乏也为美国国内工业的发展提供了强劲动力,战后政府规定美国人拥有的商船所进口货物享受10%的关税优惠,美国的制造业开始迅速崛起于世界市场。

第二次英美战争后,美国政治家真正将高关税作为鼓励和促进美国产业发展的手段,《1816关税法案》标志着美国开始尝试贸易保护主义。法案对国内有足够供应的工业产品征收高关税以保护国内产业;对国内只能部分供应的产品征收较低进口关税;对不能生产的产品只征收最低的财政性关税。关税税率不仅上调,还引入海关估值的最低定价,直接打击了低价进口货物,并促成此后一系列保护主义法案的诞生。

1.2.4 当代关税成为国际竞争与博弈的重要工具

自近代的一段时期到步入现代(公元19—21世纪)以来,关税更多起到了作为国家经济调控手段和用于国际政治经济博弈的作用。

为什么关税自主十分重要？

正如我们之前介绍的那样，清朝的海关和关税制度曾一度失去自主权。失去关税自主权意味着什么？由于无法独立决定关税税率，晚清政府无法有效保护本国民族工商业免受外国商品的冲击，导致本国工商业发展受阻，经济自主性受到严重削弱。关税的降低和协定关税制度使得晚清政府的财政收入大幅减少，外国商品大量涌入，对民族工业造成了严重冲击，导致民族工业难以壮大。

2018 年中美贸易争端

中美贸易争端是近年来全球经济格局中极具破坏性的不稳定因素之一，关税在其中扮演了重要角色。它不仅是美国试图平衡贸易逆差和限制中国产业发展的手段，也是中国采取对等反制措施以维护自身经济利益和产业发展的工具。

美国政府认为，其长期对华贸易逆差，据美国商务部统计，2017 年达到 3752.3 亿美元[①]，中国在贸易中获取了过多利益，损害了美国产业工人利益和产业竞争力。2018 年 3 月 22 日，美国总统唐纳德·特朗普签署总统备忘录，依据"301 调查"结果，对从中国进口的商品大规模征收关税，并限制中国企业对美投资并购。4 月 3 日，美国贸易代表办公室依据

---

① 林兆木.美国对华贸易逆差的宏观分析,人民网,http://opinion.people.com.cn/n1/2018/0928/c1003-30317512.html#:~:text=%E7%BE%8E%E5%9B%BD%E5%95%86%E5%8A%A1%E9%83%A8%E7%BB%9F%E8%AE%A1%EF%BC%8C2017%E5%B9%B4%E7%BE%8E%E5%9B%BD%E4%BB%8E%E4%B8%AD%E5%9B%BD%E8%BF%9B%E5%8F%A3%E8%B4%A7%E7%89%A9%E4%BA%BF%E7%BE%8E%E5%85%83%EF%BC%8C%E5%90%91%E4%B8%AD%E5%9B%BD%E5%87%BA%E5%8.

"301 调查"结果公布拟加征关税的中国商品清单，涉及每年从中国进口的价值约 500 亿美元商品。中国商务部 4 月 4 日发布关于对原产于美国的部分进口商品加征关税的公告。针对美国公布的"301 调查"结果，中方决定对原产于美国的大豆、汽车、飞机等进口商品加征 25% 的关税，涉及中国自美进口金额约 500 亿美元[1]。

以上便是中美在 2018 年中的初次关税交锋。美国通过提高关税试图减少贸易逆差、扼制中国产业发展，中国则采取对等反制措施，维护自身经济利益和产业发展。中美贸易摩擦不仅是两国贸易政策的对抗，更是两国在全球经济格局中战略博弈的体现。

1.2.5 关税的"双刃剑"效应

尽管关税有如此多的功能与作用，但它仍是一把"双刃剑"。高关税政策可能保护了本国产业，但也可能导致国内物价上升。保护性关税政策的滥用，还可能使得本土企业错失全球化竞争机遇，最终削弱产业创新能力。单靠关税政策难以系统解决经济问题，反而可能引发更严重的后果。

---

[1] 中美经贸摩擦历程回顾，新华网，https://www.xinhuanet.com/world/2018-07/13/c_129913051.htm。

西方国家深恶痛绝的美国《斯穆特-霍利关税法》

1930年6月,胡佛总统在上任一年后签署该法案,导致了灾难性的后果,而胡佛本人也被钉在了历史的耻辱柱上。1929年,美国贸易额为97.9亿美元。关税法案出台后当年即下降至69.0亿美元,1931年继续下跌至45.7亿美元,1932年更是降至最低点29.7亿美元,仅相当于1906年的贸易量,可以说一下倒退了25年。直到1942年,历经13年后,美国才恢复到1929年的贸易额。

当年,加拿大是美国最大的贸易伙伴,美国提高关税之后,加拿大政府也迅速提高关税,结果美加贸易额从1929年的13.5亿美元下跌至1930年的5.8亿美元,1933年更是下跌至3.7亿美元。由于加拿大是英联邦国家,英国也随即加入对美国的贸易战,其分别于1931年11月、1932年2月出台两部提高关税的法案,结果英美贸易额从1929年的8.9亿美元下跌至1933年的2.4亿美元。在贸易战进行过程中,英国、日本与美国分别于1931年9月、12月以及1933年3月放弃金本位,进行货币贬值。

《斯穆特-霍利关税法》引发全球范围内的贸易战,超过25个国家采取报复性关税措施,导致世界贸易总量在1929年至1934年间从686亿美元降至242亿美元,降幅达65%。全球经济陷入恶性循环,通货紧缩压力持续累积,世界经济陷入大萧条泥潭,最终导致国际关系紧张,为第二次世界大战的爆发埋下了伏笔。[1]

---

[1] 张玮. 1930年,美国发动的那场贸易战,光明网,https://epaper.gmw.cn/wzb/html/2021-06/05/nw.D110000wzb_20210605_2-07.htm.

• 关税 博弈 •

保护关税的民生代价

美国农业部数据显示，禽流感疫情自 2022 年爆发至今，已导致上亿只禽鸟死亡。随着禽流感疫情持续恶化，2025 年第一季度，美国遭遇了"鸡蛋荒"。各大商超货架上的鸡蛋不仅贵，而且难买。在纽约，一打鸡蛋的价格是往年的 2 到 3 倍。美国农业部预估，今年鸡蛋价格可能上涨 41%，创历史新高[1]。美国民众选择驱车前往墨西哥采购鸡蛋，蒂华纳农贸市场停车场内，超半数车辆来自美国加州。

即使在这样的情况下，美国总统唐纳德·特朗普仍在全球范围内发动了冒进的关税战。唐纳德·特朗普的"对等关税"政策导致企业成本上升，商品价格进一步上涨。墨西哥经济学者豪尔赫·丰塞卡警告，若美国继续推行"对等关税"政策，主要贸易伙伴如加拿大和墨西哥将受损，最终买单的将是美国民众[2]。美墨边境墙原本旨在阻挡无证移民，如今却成了物价与生活成本的真实分界线。当"对等关税"政策反噬本土民众，这堵墙究竟挡住了谁的未来？

---

[1] "三里河"工作室. 美国政府"神操作"：既打关税战，又想要鸡蛋, 央视网, https://news.cctv.com/2025/03/26/ARTIsoatupCpWWazAiEH1eR4250326.shtml.
[2] 肖贺佳. 美国人集体去墨西哥跨境"寻蛋", 人民日报, https://www.peopleapp.com/column/30048835257-500006211190.

1.3 关税的类别：保护、惩罚以及报复

1.3.1 常见的关税分类方式

在对世界关税历史的介绍中，我们已经介绍一些不同分类标准下的关税。按照关税征收对象的流向，可以将关税分为进口关税、出口关税。按照关税计征标准和方法，可以将关税分为从量税、从价税，以及同时具备从价和从量计征属性的混合税及其他变体。在货币流通前，多为从量税，如古罗马共和时代巴尔米拉绿洲的关税石刻上记载的商品差别税率、公元9世纪英格兰实行的以物易安全的"抽征酒税"。往后发展，关税税制更多采取从价税的形式。例如，拜占庭帝国施行的"Octava"税制、中国唐朝时期的"舶脚费"等。

从关税征收是否跨越国境来看，可以将关税分为国内关税、国境关税。国内关税是一国对国内各地区之间流通的商品或服务征收的税费，通常发生在同一国家的不同行政区域（如省、州）之间。例如中国西周时期的"关市之征""关市之赋"、美国成立初期各州间的州际关税。而国境关税才是人们熟知的"关税"，它是一国对进出其国境（或关境）的货物和物品征收的税费。例如伴随中世纪欧洲统一国家建立而确立的国家间关税，或

是中国唐朝开始出现的"舶脚费"和市舶司制度。

由于人们对"境"字理解的不同，又催生了关境关税和国境关税的区别。20世纪中叶后，关境关税在国境关税的基础上产生，它是指一国对进出其关境的货物和物品征收的税费。这里的"关境"是一个国家海关法规全面实施的特定区域，可能与国境（地理边界）一致，也可能不一致。

关境与国境是怎样的关系？多数国家的关境与国境范围一致，如中国、日本等，此时关境关税即指对进出本国地理边界的货物征税。当然也存在关境与国境不一致的情况。例如当几个国家组成关税同盟（如欧盟），成员国之间取消关税，对外统一关税政策，此时关境涵盖所有成员国领土，大于单个国家的国境。欧盟成员国之间货物流动不征关境关税，但从非欧盟国家进口货物须按欧盟统一关税标准征税。

再如，当一国境内存在自由港、自由贸易区（如中国香港、新加坡的部分区域），这些区域不属于关境范围，因此关境小于国境（自由港内的货物进出不征关境关税）。中国香港作为单独关税区，其关境独立于中国内地，内地与香港之间的货物往来须按跨境贸易规则处理（如增值税、关税等）。

1.3.2 按政策目标划分的关税

即便知晓再多的关税分类方式，于多数人而言也难获好处，除非你正身处相关专业领域，为备考焦头烂额。当下，贸易保护主义浪潮渐起，对企业或个人来说，最为紧要的是懂得区分按照不同政策目标进行划分的关税，这不仅重要，更是必要之举。通过准确辨别关税政策背后的政策目标，有助于人们从容应对贸易政策的动态调整，保护自身利益、把握市场机会。总的来说，在这一维度下的关税涉及七种"武器"，分别是保护性关税、惩罚性关税、报复性关税、禁止性关税、反倾销税、反补贴税以及保障措施关税。

（1）保护性关税。

保护性关税是指一国为了保护本国的幼小工业或战略性产业，免受外国成熟产业的竞争冲击，而对进口的相关商品征收较高关税的政策工具。其核心目的是通过提高进口商品的价格，使本国同类商品在价格上更具竞争力，从而促进本国产业的成长和发展。

《麦金利关税法案》的出台

19世纪末，美国共和党人威廉·麦金利当上美国众议院筹款委员会主席后，致力于制定新关税法案。当时美国的贸易保护主义政策盛行，共和党人认为征收高额关税不仅能为联邦政府创造财政收益，抵偿战争损失，还能保护尚处于起步阶段的美国工业及其他新兴产业。

1890年10月，《麦金利关税法案》在经过多次修订之后艰难通过，成为美国历史上关税征收标准极高的贸易保护性法律之一。该法案对进口商品的征税范围包括十几个大类，涉及470余种商品，如金属制品、木材、烟草、酒类、印刷出版物、玻璃器皿等，平均税率之高令人咋舌，达到了52%。

其中，对锡板和羊毛制品的征税标准最具贸易保护主义色彩，将进口锡板的关税从30%上调至70%，并对羊毛制品"严防死守"，按最高标准对所有进口羊毛制品征税。

（2）惩罚性关税。

惩罚性关税是指当出口国家某种商品的出口违反了与进口国之间的协议，或者未按进口国的规定办理进口手续时，由进口国海关对该进口商品所征收的一种具有惩罚性质的进口附加税。这种关税通常用于应对不公平贸易行为，如倾销、补贴等，旨在保护进口国的国内产业和市场。

惩罚性关税与后文所要介绍的反倾销税、反补贴税、保障措施关税都属于进口附加税，是在正常进口关税之外征收的关税，它们是为了保护本国产业和经济利益而采取的关税措施，通常都不是长期固定的关税，而是在特定情况下临时征收的。当导致征收这些关税的情况得到改善或消除后，往往会停止征收，且都是各国在国际贸易中用于调节贸易平衡、维护本国产业利益的政策工具，在一定程度上可以影响国际贸易的格局和流向。但在具体的实施原因、征收对象和目的侧重点等方面，惩罚性关税与反倾销税、反补贴税、保障措施关税存在一定差异。

惩罚性关税的征收对象是违反相关协议或规定的特定出口国的商品，更强调对违规行为的惩罚和警示；反倾销税和反补贴税针对的是存在倾销或补贴行为的特定国家或企业的相关产品，侧重于维护公平的市场竞争环境，防止不公平贸易行为对国内产业的冲击；保障措施关税则是针对特定产品，不区分产品的来源国家或地区，主要是为了应对进口产品数量激增带来的产业损害，保障国内产业的稳定发展。

中美轮胎特保案

2009年4月20日，美国钢铁工人联合会以中国对美轮胎出口扰乱美国市场为由，向美国国际贸易委员会提出申请，对中国产乘用车轮胎发起特保调查。6月29日，时任美国贸易委员会代表罗恩·柯克提议在现行进口关税（3.4%～4.0%）的基础上，对中国输美乘用车与轻型卡车轮胎连续3年分别加征55%、45%和35%的特别从价关税，涉资约17亿美元。9月11日，美国政府宣布对中国输美轮胎产品采取特殊保障措施，实施惩罚性关税。

美国罗格斯大学经济学家托马斯·普吕萨就限制中国轮胎进口对美经济可能造成的影响做出评估时指出，美国国内产业早已集中在高端产品领域，其没有利益也没有能力再生产低端产品来填补由于限制中国产品造成的市场空白。事实上，保护主义行为损人不利己，不仅损害中国出口商利益，更会损害美国国内利益，这也是美国轮胎生产商没有加入本案申诉的重要原因[1]。

（3）报复性关税。

报复性关税是一国为了报复他国对本国商品、船舶、企业、

---

[1] 人民日报. 中国轮胎不要不公正"特保"，中国新闻网，https://www.chinanews.com.cn/cj/news/2009/08-07/1807806.shtml.

投资或知识产权的不公正待遇,而对其进口商品征收的一种高税率关税或进口附加税。通常不公正待遇包括对他国商品征收歧视性差别关税或采取贸易保护措施、给予第三方比本国更优惠待遇等。

美欧鸡肉关税战

第二次世界大战后,美国养禽业迅速发展,凭借工业化的养殖方式,鸡肉产量大幅增加且价格低廉,大量低价美国鸡肉涌入欧洲市场,冲击了欧洲本土的家禽养殖业。1962年,欧洲经济共同体(简称欧共体,欧盟前身)对美国冷冻鸡肉加征高额关税。1963年,时任美国总统约翰逊对欧洲的土豆淀粉、糊精、白兰地、轻型卡车等产品加征报复性关税。这场贸易争端不仅影响了美国和欧洲的农业与汽车产业,还进一步加剧了双方的贸易紧张关系。经过三轮谈判,双方在1963年7月达成和解,欧洲经济共同体将鸡肉关税降至每磅10美分,同时美国撤销报复措施。

(4)禁止性关税。

如果说保护性关税是经济"防弹衣"、惩罚性关税是经济"巡航导弹"的话,那么禁止性关税就是经济"核弹"了。禁止性关税是一种高关税政策,通常超过100%,通过对某些商品征收高额关税,提高其进口成本,使进口商品在价格上失去竞争力,从而导致进口量减少到极低水平,甚至彻底阻断进口。它通常用于保护国内产业免受国外竞争的冲击,或者作为对其他国家贸易政策的报复手段。

第一章 什么是关税——从"过路费"到国家"武器"

美国"对等关税"实为禁止性关税

2025年2月1日，美国总统唐纳德·特朗普签署总统行政令，宣布对所有自中国输往美国的商品加征10%关税[1]。3月4日，特朗普政府进一步追加10%关税，使得累计税率攀升至20%，其宣称的理由是中国未能"切实管控芬太尼类物质的非法流通"[2]。4月2日，特朗普政府再度出手，宣布对所有贸易伙伴征收10%的最低基准关税，并对贸易逆差最大的国家额外加征更高税率。在此政策下，中国被加征34%的"对等关税"，叠加此前以芬太尼问题为由加征的20%关税，总税率高达54%[3]。4月8日，特朗普政府宣布对中国输美商品征收"对等关税"的税率由34%提高至84%，致使美国对中国商品征收的总关税飙升至104%[4]。4月10日，唐纳德·特朗普公开宣称，"鉴于中国在全球市场所展现出的不尊重态度，美国决定将对中国征收的关税进一步提高至125%，此决定自宣布之时起立即生效"。至此，美国对华累计加征关税税率已攀升至惊人的145%。

针对美国的上述举措，2025年4月11日，中华人民共和

---

[1] 新华网. 美宣布对中国商品加征10%关税，央视网，https://news.cctv.com/2025/02/02/ARTIIxptFOzo1FiI9HL1QdkS250202.shtml.

[2] 央视新闻. 商务部新闻发言人就美方宣布以芬太尼等问题为由对中国输美产品再次加征关税发表谈话，央视网，https://news.cctv.com/2025/03/04/ARTIw6lUpe6WrmBSBCY9TPbU250304.shtml.

[3] 新华社. 广泛针对、10%起步 特朗普亮出"对等关税"牌，央视网，https://news.cctv.com/2025/04/03/ARTIFCeGBKShdBH52aEaLhSr250403.shtml.

[4] 美国驻华大使馆和领事馆. 对来自中华人民共和国的低价值进口商品征收对等关税和最新关税的修订，https://china.usembassy-china.org.cn/zh/amendment-to-reciprocal-tariffs-and-updated-duties-as-applied-to-low-value-imports-from-the-peoples-republic-of-china/.

国财政部和国务院关税税则委员会依据《中华人民共和国关税法》《中华人民共和国海关法》《中华人民共和国对外贸易法》等相关法律法规以及国际法基本原则，决定自2025年4月12日起，对原产于美国的进口商品所规定的加征关税税率进行调整，由原来的84%提高至125%[1]。中华人民共和国财政部和国务院关税税则委员会明确指出："鉴于在目前关税水平下，美国输华商品已无市场接受可能性，如果美方后续对中国输美商品继续加征关税，中方将不予理会。"这也从侧面说明，美国先手采取的禁止性关税政策，全然不顾市场公平竞争原则，使得中国输美商品面临极为糟糕的市场困境，实际上也没有多少市场接受的可能性了。

（5）反倾销税。

反倾销税是指进口国政府在正常关税之外对倾销产品征收的一种附加关税，旨在抵消进口商品的低价优势，防止其对本国产业造成损害，从而维护国内产业的利益，抵御恶性竞争。

（6）反补贴税。

反补贴税是指进口国对进口产品征收的一种特别关税，用以抵消该产品在出口国因接受补贴而获得的竞争优势。其根本目的在于维护本国产业的公平竞争环境，防止外国商品因补贴而对本国产业造成损害。

在国际贸易实践中，反倾销与反补贴经常被"搭配"使

---

[1] 央视新闻，坚决反制！中国对美所有商品加征125%关税，央视网，https://news.cctv.com/2025/04/11/ARTIwMIPuOPMKhAvBEN4zjqO250411.shtml。

用，二者均属于贸易救济措施，核心目的是抵制外国商品通过不公平价格或成本优势抢占本国市场，保护国内产业免受损害。同时，二者均以WTO《反倾销协议》《补贴与反补贴措施协议》（SCM协议）为法律基础，实施程序须遵循相似的国际规则（如调查、举证、听证、裁决等），且允许成员国在符合条件时采取单边救济措施（如征收附加税）。

美国对中国晶体硅光伏电池反倾销和反补贴案

2012年，美国对中国晶体硅光伏电池进行"双反"调查（反倾销和反补贴调查），征收18.32%到249.96%的反倾销税和14.78%到15.97%的反补贴税。后美国分别于2015年和2018年对中国晶体硅光伏电池再次进行"双反"调查，并对相关产品继续实行反倾销税和反补贴税[1]。

（7）保障措施关税。

保障措施关税是指当某类商品的进口量剧增，对本国相关产业带来巨大威胁或损害时，按照世界贸易组织（WTO）有关规则采取的一种临时性关税措施。这种关税的主要目的是通过提高进口商品的关税或采取数量限制措施，来保护本国相关产业免受不公平竞争的影响。

---

[1] 中华人民共和国商务部：美国对中国晶体硅光伏电池反倾销案，中国贸易救济信息网，https://cacs.mofcom.gov.cn/cacscms/case/ckys?caseId=75777；中华人民共和国商务部：美国对中国晶体硅光伏电池反补贴案，中国贸易救济信息网，https://cacs.mofcom.gov.cn/cacscms/case/ckys?caseId=76777。

中国对进口食糖保障措施案

2015年国际糖价暴跌，大量低价进口糖涌入中国市场，对中国糖业造成严重冲击。2016年7月27日，商务部收到广西糖业协会代表国内食糖产业正式提交的《中华人民共和国食糖产业保障措施调查申请书》，对进口食糖进行保障措施调查。2017年5月22日，商务部发布公告，决定对进口关税配额外的食糖产品征收保障措施关税，实施期限为3年，自2017年5月22日至2020年5月21日，实施期间措施逐步放宽。2017年5月22日至2018年5月21日，保障措施关税税率为45%；2018年5月22日至2019年5月21日，保障措施关税税率为40%；2019年5月22日至2020年5月21日，保障措施关税税率为35%[1]。

1.3.3 与时俱进的关税"新变种"

保护性、惩罚性以及报复性关税，在古代和近代的关税历史中皆有踪迹可循。然而，还有部分关税类型乃至现代方才崭露头角或应运而生。此类关税虽然历史积淀尚浅，却在当今国际海关与关税体系中占据着举足轻重的地位。可以说，关税的新兴变种像空气一样，弥漫于当前经济生活的各个角落。知晓这些独具特色的新兴关税类别，洞悉其内涵，并非意在让你成为经济学家，而是助力你在时代浪潮的汹涌冲击下，守护好自己的财富、工作

---

[1] 中华人民共和国商务部：中国对进口食糖保障措施案，中国贸易救济信息网，https://cacs.mofcom.gov.cn/cacscms/case/jkdc?caseId=78683.

以及生活品质。或者说，至少令你在讨论风云变幻的时代格局时多一份谈资。

我们首先聚焦于一些"温和"的关税类型。它们或许与关税一直以来给人留下的负面印象大相径庭。对于非专业从事国际贸易与商务领域的人士而言，免税、零关税、最惠国关税、协定关税、特惠关税等名词时常萦绕耳畔。这些关税形式看似相近，难免令人心生好奇，究竟它们之间存在着怎样的差异？总体上讲，最惠国关税是国际贸易的"起跑线"，体现WTO的非歧视原则；协定关税和特惠关税是"进阶优惠"，通过双边/区域合作或单边政策降低贸易壁垒；零关税和免税是"终极目标"，常见于高水平自贸协定或特殊政策区域（如自贸港）。

免税（Duty Free），准确地说，它是一项关税制度而非关税，指完全免除进口商品的关税及其他进口环节税（如增值税、消费税），是关税优惠的最高级别。通常针对特定商品（如国际组织捐赠物资、外交用品）或特定区域（如免税店、自由贸易区），旨在促进特定行业发展（如旅游业、高端消费）或履行国际义务（如人道主义援助）。

零关税（Zero Tariff），指进口商品的关税税率为0%，但可能仍须缴纳其他进口环节税（如增值税）。零关税常见于自由贸易协定成员国间通过协定逐步取消关税，如RCEP（区域全面经济伙伴关系协定）部分商品零关税。零关税行业针对性强，多适用于竞争性较强或需要促进贸易的商品（如农产品、电子产品）。

可能有人会好奇，免税与零关税有何关联？可以说，二者目标是一致的，均旨在降低或消除进口商品的关税壁垒，促进贸易便利化，常见于自由贸易协定、特殊经济区域（如自贸港）或特定政策场景（如国际援助）。在部分场景下，免税就等同于零关税。例如，在特定政策表述中，"零关税"可能被宽泛地理解为"免除所有税费"（即包含关税及其他进口环节税），此时与"免税"含义重合。例如，海南自贸港对部分商品的"零关税"政策，实际等同于免税（免除关税、增值税、消费税）。

罗马帝国的免税制度

历史上是否存在"有意识"的免税制度？我们知道，在没有关税概念以前，商品流通本身就是免税的。罗马时代遗留下来的文件和碑文证实了狭义上免税制度的存在。在罗马帝国时期，免税是具有某种身份或级别的人的一种特权。比如，拥有奥古斯都称号的皇帝和皇室成员、和皇帝关系友好的各国使节、各省行政长官和度支官、罗马军队和士兵、老兵及其家庭成员。

在谈及最惠国关税（Most-Favored-Nation Tariff, MFN Tariff）之前，我们先了解所谓的最惠国待遇（Most-Favored-Nation Treatment, MFN）。最惠国待遇是 WTO 框架下的基石性原则，指成员方给予任何第三方的优惠、特权或豁免，须立即无条件地给予其他所有成员方，以确保国际贸易中的非歧视性，核心是"平等对待所有成员方"。

第一章 什么是关税——从"过路费"到国家"武器"

世界上有很多个国家,就像一个班级里有很多同学。国家 A 是这个班级里的一员,它和其他国家做贸易,就像同学们之间互相交换东西。有一天,国家 A 和国家 B 商量好,把从国家 B 进口的汽车关税从 10% 降到了 5%。因为国家 A 和其他很多国家都签了含有最惠国待遇条款的协议,那么按照最惠国待遇,国家 A 也得同样把从其他签约国家进口汽车的关税降到 5%,比如国家 C、国家 D,即使国家 A 没有和它们单独谈过汽车关税的问题。这样,所有享受最惠国待遇的国家在国家 A 的汽车市场上都能享受同样的低关税待遇,不会出现有的国家关税高、有的国家关税低的不公平情况。

最惠国待遇是理念,最惠国关税是该理念下的实践。因此,我们可以知道,最惠国关税是指 WTO 成员方给予其他成员方的最低关税待遇(非歧视性待遇),即一国对所有 WTO 成员的同类商品征收相同关税,除非存在更优惠的特殊安排(如协定关税)。最惠国关税具有普遍性与非歧视性,适用于 WTO 成员间的默认关税待遇,是国际贸易的"基准税率",但通常高于通过自贸协定达成的协定关税或特惠关税。

协定关税(Agreement Tariff)指两国或多国通过自由贸易协定(FTA)、区域贸易协定(RTA)等约定的关税税率,通常低于最惠国关税。协定关税具有双边或排他性,仅适用于协定成员国之间。例如,中国 – 东盟自贸协定下,成员国对部分农产品实行协定关税。协定关税常通过设定过渡期,逐步降低关税直至零关税。协定关税通常还需要满足原产地规则,即商品符合"原产地标准"（如区域价值成分≥40%）才能享受协定关税。原产地规则是指一国根据国家法令或国际协定确定的原则制定并实施，以确定生产或制造货物的国家或地区的具体规定。通俗来讲，它就像是给商品确定"国籍"的一套规则。

特惠关税（Special Preferential Tariff）指一国给予特定国家或地区的单方面关税优惠，税率通常低于最惠国关税，甚至零关税，具有极强的针对性和倾斜性。特惠关税具有单向性与非互惠性，通常由施惠国单方面决定，受惠国无须提供对等优惠。例如，中国对最不发达国家（LDCs）的部分商品实行特惠关税，如98%税目零关税。同时，特惠关税具有一定的政治或人道主义色彩，常用于支持发展中国家经济（如非洲国家）或加强地缘政治合作。

特惠关税与协定关税存在一些区别。协定关税是基于国家间的关税协定而设定的，具有法律约束力，一旦达成协议，各方必须遵守，因此具有较高的稳定性；特惠关税是针对特定国家或地区的优惠税率，通常由进口国单方面决定给予，具有更大的灵活性和针对性。协定关税适用于所有在协定范围内的商品和服务，对签署协定的国家普遍适用；特惠关税则适用于特定的商品或服务，或者是特定的国家或地区，并非普遍适用。此外，特惠关税的税率一般低于最惠国税率和协定税率。例如，中国自2025年起继续给予43个与我国建交的最不发达国家100%税目产品零关税待遇，这一特惠税率就低于中国与其他国家的协定税率以及最惠国税率。

接下来，我们将再进一步，尝试理解一些新兴领域的关税制度和政策。人们常说，现在是数字时代。因此，对于企业或个人而言，认识"数字税"或成为一项刚需。这是因为，全球向电子商务、云计算和流媒体服务的转变使传统税收制度过时。数字税是一种临时解决方案，不仅是税收工具，更是数字经济时代利益分配的核心机制。无论是企业战略规划，还是个人数据权益保护，理解其逻辑和影响已成为数字化生存的必修课。当前的数字税主要聚焦数字服务税。数字服务税（Digital Services Tax，DST）是一种专门针对数字服务营业收入的税种。征收数字服务税的目的在于从传统框架中征税不足的数字活动中获取税收收入，如在线广告平台（如 Google Ads、Facebook）、数字市场（如 Amazon、eBay）和流媒体服务（如 Netflix、Spotify）。政府依靠这些收入来资助公共服务，并抵消传统行业税收贡献下降造成的损失。同时确保来自本地用户的收入公平征税，从而减少利润转移到低税率管辖区的机会。

数字服务税在欧洲兴起

欧盟的数字服务税主要针对两类数字服务，一是在线广告服务，包括在数字界面上投放针对该界面用户的广告，以及传输在该数字界面活动的用户产生的信息；二是数字中介服务，这种服务使用户能够与其他用户进行交互，并促进他们在彼此之间销售商品或服务。数字服务税虽然是国内税，考虑到各国数字经济发展水平差异，选择性征收可起到类似关税的效果[1]。如通过选择性征收数字服务税，可以增加外国

---

[1] 贸促会研究部. 数字税领域国际规则博弈日趋激烈, 中国国际贸易促进委员会, https://www.ccpit.org/a/20211223/202112236aqd.html.

数字企业进入本国市场的成本,从而保护本国市场;为政府提供额外的财政收入,用于支持本国数字经济的发展和公共服务的改善;调节国际竞争环境,使本国数字企业在全球市场中更具竞争力。截至2022年3月4日,全球共有42个国家(地区)征收或拟征收数字服务税。其中包括奥地利、法国、意大利、波兰、西班牙、英国、比利时等欧洲OECD成员国[1]。

另一值得着重探讨的新型关税便是碳关税了。在全球应对气候变化、推动绿色发展的大背景下,碳关税已成为国际贸易和经济领域的重要议题。企业或个人认识了解碳关税,有助于做好提前布局,推动自身的可持续发展。同时,碳关税政策也在不断演进和调整,企业或个人只有及时了解这些政策变化,才能更好地应对潜在的风险和挑战,避免因对政策不知情而遭受不必要的损失。

碳关税是指对高耗能、高排放的密集型进口产品(如铝、钢铁、水泥)征收的二氧化碳排放特别关税。碳关税的概念最早由法国前总统雅克·希拉克提出,最初目的是希望欧盟国家针对未遵守《京都议定书》的国家课征商品进口税,以避免在欧盟碳排放交易机制运行后,欧盟国家所生产的商品遭受不公平竞争[2]。在雅克·希拉克之后,尼古拉·萨科齐和弗朗索瓦·奥朗德两任法国总统不断变换方式,继续极力推销碳关税。

---

[1] 刘宏松,程海烨. 美欧数字服务税规则博弈探析,国际政治经济评论,http://ies.cass.cn/cn/periodical/202207/w020220708406954394963.pdf.
[2] 韩立群. 欧盟碳关税政策及其影响,中国欧洲学会,http://caes.cass.cn/zxgx/202107/t20210712 5346927.shtml.

2009年奥巴马政府上台后，美国在气候问题上采取积极立场，美国众议院通过了《美国清洁能源安全法案》，要求减排不力的国家向美国缴纳"外汇储备津贴"，也就是事实上的美版碳关税。2023年5月16日，欧盟碳边境调节机制（CBAM）法规案文被正式发布在《欧盟官方公报（Official Journal of the European Union）》上，标志着CBAM正式走完所有立法程序，成为欧盟法律[①]。CBAM于2023年10月1日正式启动，于2026年正式实施，并在2034年之前全面实施。

碳关税的实质是一种边境调节税，其目的不仅是减少碳排放，还涉及防止企业将生产转移到排放标准较低的国家，从而损害高排放标准国家的竞争力，使进口商承担与本国企业相同的碳排放成本。碳关税确保了公平竞争，也被视为一种新型贸易保护主义手段，发达国家通过碳关税限制发展中国家的高碳产品出口，保护本国产业，同时将减排责任和成本转嫁给发展中国家，获取经济利益。碳关税对发展中国家的经济发展和出口贸易造成冲击，限制其发展权。

对于发展中国家而言，碳关税意味着什么？

以中国为例，在我国碳价格短期不变、长期上涨的背景下，欧盟碳边境调节机制将导致我国钢铁行业的成本效率下降，特别是2034年欧盟碳关税税率将达到5.5%左右，超过近年来我国钢铁行业的平均盈利能力，还将造成我国和亚太其

[①] None. 欧盟碳关税正式生效！武汉大学欧洲问题研究中心，https://wuesc.whu.edu.cn/info/1003/1362.htm.

他地区承担更多的成本，加剧塑料贸易的经济不平等和碳不平等。据匡算，中国钢铁、铝制品行业企业在实施过渡期后每年将缴纳近8.32亿美元碳关税。

第二章

CHAPTER 2

为什么会发生关税战
——看不见硝烟的战场

"我们在21世纪的经济环境下拥有一位出生于20世纪的总统，然而他想让我们回到19世纪。"对于唐纳德·特朗普的关税政策，美国达特茅斯学院经济学教授道格拉斯·欧文这样评价。

2.1 关税战的概念：国家间的"涨价互撕"

2.1.1 关税战的概念和主要形式

关税战这一概念并没有准确的提出时间，最初，学者们常用关税壁垒来指代国家间施加关税或关税报复的手段。《财经大辞典》中对关税壁垒进行了详细的概念解读：关税壁垒是以高额关税作为限制其他国家商品进口的一种措施。关税加征国通过对外国商品征收高额关税，从而提高其销售成本和削弱其销售能力，最终达到限制这些商品进口并保护本国商品在国内市场的竞争优势的目的。由于这种方法像高墙壁垒一样将国外商品阻隔在国内市场以外，所以被称作"关税壁垒"。

随着经济全球化不断发展，各国之间的联系更为紧密，关税战逐渐成为继"热战""冷战"和"金融战"后的又一种新型战争形式。相较于关税壁垒，关税战的发起原因和方法手段也更为复杂。如果要为关税战赋予一个明确定义的话，我们认为对其的理解与诠释应如下所述：关税战是资本主义国家以关税为主要武器，相互进行贸易对抗，以争夺经济利润、市场份额、贸易地位以及保护本国产业安全和满足国家特殊战略需要目的的一种现代战争形式。

（1）直接关税措施。

1）提高进口关税税率。

对特定或全部商品加征高额关税，直接提高其进口成本，从而保护本国产品竞争力。例如，1897年，美国颁布《丁利关税法》，对羊毛、棉纺织品、丝绸等产品大幅提高进口关税税率，直接将美国进口关税平均税率水平拉升至52%[①]。

2）出口征税。

部分国家通过对本国出口产品加征关税以从中攫取高额利润或保护本国重要资源。这种做法只限于粮食作物、基础能源等极度缺乏需求弹性的商品，否则其他国家将通过寻求新的替代品使该方法失效，因此，这种做法目前的使用范围并不广泛。

3）关税升级策略。

该策略多为发达国家所青睐，这些国家企图同时达到保护本国产品竞争力和获得廉价原材料的双重目的，分别对原料、半成品和最终品加征分级关税。一般而言，原材料往往面临着较低的关税，最终品则面临着较高的关税。

4）关税地域歧视策略。

对特定国家或地区的商品加征高额关税，更具针对性地削弱该国商品竞争力。例如，2025年美国总统唐纳德·特朗普宣布的"对等关税"政策，按照美国对不同国家的贸易逆差规模来设置不同等级的关税税率。

5）关税动态调整。

---

① 新华社.新闻调查 | 美国关税战之害的世纪警示，中国日报网，https://china.chinadaily.com.cn/a/202505/03/WS6815735aa310205377031895.html.

一般多见于两国间开展贸易谈判时使用，一方通过随时调整关税税率或征税商品清单，给予另一方谈判压力，迫使其在其他谈判内容中让步。

（2）非关税壁垒。

在国际贸易领域，除了关税壁垒，非关税壁垒也是国家间进行贸易对抗常用的重要手段。由于其更具灵活性和隐蔽性，因此对被施加这些限制性措施的国家而言，所遭受的伤害也更突出。常见的非关税壁垒主要包括进口配额、"自愿"出口配额、出口管制等。一直以来，这些非关税措施常被用作关税政策的辅助手段，在关税战中发挥着愈加重要的作用。在下节有关贸易战和关税战的比较内容中，我们将对这些非关税壁垒进行详细的阐述。

2.1.2 关税战与贸易战

贸易战是我们耳熟能详的另一个热点话题，何为贸易战？贸易战的主要形式有哪些？以及贸易战和关税战之间有着怎样的联系与区别是本节要讨论的重点问题。

贸易战也被认为是国家之间的"商战"，是指国家间通过设置关税壁垒和非关税壁垒，来限制其他国家商品进入本国市场，有时甚至使用倾销（产品以低于其正常价值的价格出口到另一国家或地区的行为）、货币贬值等手段争夺国际市场，进而引发一系列报复和反报复措施的国际经济博弈。

通过上述定义可以看出，贸易战的主要形式既包括高筑关税壁垒，也包括采取非关税壁垒措施。接下来，我们将继续介绍非关税壁垒所涵盖的主要内容，以便大家对关税战和贸易战拥有更加完整清晰的认识理解。

（1）**进口配额**。

进口配额是一国对于某种商品在一定时期内的进口数量或金额，事先加以限定，从而限制外国商品输入的一种规定。进口配额根据限制严格性又进一步分为绝对配额和关税配额，绝对配额指一旦商品进口数量或金额达到规定标准，其余超过部分一律禁止进口；关税配额则相对宽松，针对超出标准部分依然允许进口，但要征收更高水平的进口关税。此外，根据进口额度分配范围，也可将进口配额分为普遍性全球配额和针对性国别配额。

（2）**"自愿"出口配额制**。

"自愿"出口配额是商品出口国在商品进口国要求下，或迫于来自商品进口国的压力，主动为出口商品的数量或金额设定额度的一种非关税措施。当出口国面临进口国可能对本国产品实施保护，且该进口国是其重要出口市场时，出口国主动采取"自愿"出口限制对化解贸易争端更有利。

（3）**进口许可证制**。

进口许可证制指进口国家规定某些商品进口必须事先取得许可证，才能被允许进口，否则一律不准进入国内市场。根据进口许可证与进口配额制间的关系，可将其分为有定额的进口许可证和无定额的进口许可证，其中，有定额的进口许可证将面临来自许可证制和配额制的双重压力。

（4）**技术性贸易壁垒**。

技术性贸易壁垒是指一国以维护生产消费安全、保护人民健康和动植物生命以及保证产品质量等为由,通过颁布法律、法令、条例,所制定的技术标准、卫生检疫规定以及商品标签和包装规定。这些标准复杂严苛,绝大多数外国商品短时间内难以适应,进而实现该国增加进口难度、限制商品进口的目的。

(5)出口管制。

出口管制是指一国政府为维护国家安全、履行国际义务、保护本国经济利益,通过制定法律法规和出台相关政策,对本国某些商品、技术和服务的出口进行限制或禁止的行为。该措施在一定程度上能够对维护国际环境安全稳定发挥重要作用,但也有部分国家以此作为扼制其他国家先进技术发展,以及打击其他国家产业链供应链安全的有力手段。例如,近年来,美国一直以"国家安全"为由,不断加码对我国半导体行业的出口管制,严重损害我国企业正当发展权益,全球产业链供应链安全受到极大挑战。

在全面了解关税和非关税壁垒后,我们进而提出本节第三个问题,即贸易战和关税战有何联系,又有何区别?就本质而言,关税战是贸易战的一种形式,主要以关税作为国家间博弈的策略手段,其他非关税壁垒由于针对性、歧视性更强,也被作为关税政策的辅助工具来配合使用,并且关税战所产生的影响也集中在经济领域内。贸易战涉及范围更加广泛,除了关税政策,歧视性和针对性更强的非关税壁垒也是贸易战的主要形式,此外,贸易战所产生的影响也不局限于经济领域,有可能波及其他领域。

2.2 关税战的影响：从经济到民生

从古至今，所有发起过关税战的国家都希望通过加征关税，使本国"再次伟大"，但"覆巢之下，安有完卵"？全球贸易发展至今，世界各国早已紧密联系在一起，发动关税战争无疑是"牵一发而动全身"，不仅会对其他国家以及全球经济发展带来沉重影响，也会使这些国家距离他们最初的目标越来越远。

2.2.1 关税战对关税加征国的影响

（1）加征关税非但不能缩小贸易逆差，还将使长期产能问题更加严重。

加征关税初期，本国进口商的确会因为进口成本上升，而减少或取消海外订单，但由于跨国企业一时间难以转移生产，所以关税加征国依然面临着大量进口需求，因此，若想显著缩减或彻底消除贸易逆差，可能性为零。此外，其他被加征关税国面对不公平的关税政策也会实施反制措施，使关税加征国同样面临高额的进口关税，这对该国出口依存度较高的行业来说无疑是更大的负面打击。

以美国加利福尼亚州（以下简称加州）为例，作为美国最大制造业基地和"全美粮仓"，加州经济发展严重依赖国际贸易。据测算，加州每年农产品出口额均在百亿美元级别，同时，超过40%的进口商品来自加拿大、墨西哥和中国[1]。美国加征"对等关税"，加州企业进口成本将显著提高，农业领域出口也会受反制措施影响而面临大幅减少。总之，加征关税对缓解贸易逆差的作用可谓微乎其微，甚至还将进一步扩大贸易逆差。

不少人可能会感到疑惑——既然关税战无法使关税加征国在短期内解决贸易赤字问题，那么如果经过很长一段时间，外资企业和本国跨国企业是否会因为关税政策导致生产成本增加而选择在关税加征国设厂经营，关税加征国又能否实现所谓"制造业回流"和"制造业崛起"呢？答案依然是否定的。虽然，某种程度上而言，关税政策确实能对本国产业发展起到一定保护作用，但从长期来看，无异于抱薪救火，只会使得本国产能问题更加严重。

首先，国际贸易发展至今，全球化分工格局是根据英国经济学家大卫·李嘉图在其1817年出版的著作《政治经济学及赋税原理》中提出的比较优势理论而逐步形成的，即各国应专业化生产相对生产效率更高的商品。对此更加通俗的解释是：假设世界上只有两个国家、两种商品，如果一个国家对这两种商品的绝对生产率都高于另一个国家，那么该国应该选择生产优势更大的一种商品进行专业化生产并出口，而另一个国家应选择生产劣势相

---

[1] 新华社. 美国加州州长：美国政府关税政策"并不代表人民意愿", 新华网, https://www.news.cn/world/20250405/37921b7017444d97b58f3f3d4efbf761/c.html.

对更小的商品进行专业化生产和出口。

所以，一个国家"想要所有的商品都能在本国生产销售"是与国际自由贸易理论背道而驰的，自然也是行不通的。

其次，企业追求利润最大化、成本最小化、生产安全化的经营目的，使得他们开始在全球进行生产布局。例如，苹果公司在印度和越南建设生产工厂，TCL在越南、马来西亚、菲律宾、印尼、波兰、墨西哥、巴西等多个国家设立了制造基地。这些跨国企业加快海外生产布局，一方面可以利用当地廉价的土地、劳动力等生产要素，另一方面也能实现"本土化生产＋本土化销售"，降低贸易风险。

如果这些企业全部回流或转移至关税加征国，将面临价格更高、质量更低的生产要素，同时，加征关税带来的贸易政策不确定性也会使它们需要承担更大的贸易风险，所以这些企业将更倾向于选择新的生产基地或贸易模式，来规避高关税对它们产生的不利影响，而不是轻易选择在关税加征国大规模建厂经营。

此外，关税加征国本土企业也会因为贸易政策不确定而谨慎扩大再生产，甚至缩减生产规模，商品市场就会出现供不应求的状态，长此以往，这些国家将面临严重的产能不足问题。

（2）加征关税将加剧本国失业和通货膨胀问题，民众生活水准恐将明显下降。

我们已经了解，一方面，受贸易政策以及经济预期不确定性影响，关税加征国的企业往往会缩减生产规模以降低经营风险，企业生产规模缩小就意味着更少的生产要素投入，已被雇用的劳动者将面临被解雇的风险，工作寻求者将面临更残酷的求职环境，导致本国失业问题严重化。另一方面，加征关税还将使本国从原材料到最终品的进口成本显著提高，进口商会减少进口，或把这部分额外的成本计入产品价格中，进而转嫁给国内消费者。因此，关税加征国的消费者将面临物价上升和商品种类减少的双重困境，通货膨胀问题将更加严重。

失业风险提高和消费品价格上升会导致消费者减少家庭支出，进一步导致市场需求大幅减少，企业面对供过于求的生产状态，又会继续缩小生产规模，减少生产要素投入，同时提高产品价格以保证自身盈利性，最终将继续加剧失业和通货膨胀问题，循环往复，关税加征国将面临极大的经济衰退风险。

（3）加征关税带来的经济预期不确定性还将严重扰乱金融市场秩序。

第一，如前所述，加征关税直接抬高了进口商品成本，对于依赖进口原材料或零部件的企业而言，生产成本随之增加，利润空间将被大幅压缩。

以制造业为例，关税导致原材料进口成本上升，企业生产成本增加，若产品售价不变，则利润减少；若企业试图提高产品价格以维持利润，又可能面临市场份额的流失。这种预期盈利的波动会引发投资者对企业未来现金流的担忧，进而导致股票价格下跌。股票市场的震荡不仅影响投资者的财富收益，还会通过财富效应反作用于实体经济，进一步抑制消费和投资，加剧经济下行压力。

第二，加征关税带来的贸易不确定性使企业和投资者难以准确规划未来，企业无法确定生产成本和市场需求，投资决策变得谨慎，将延缓或取消新的投资项目。投资者对市场前景担忧，会减少风险资产配置，转向黄金等避险资产。这种大规模资产配置调整将导致股票、债券和汇率市场波动加剧。

例如，2025年4月2日，美国总统唐纳德·特朗普宣布对所有贸易伙伴征收10%"最低基准关税"，对贸易逆差较大的国家加征更高税率，平均关税升至近30%，创百年新高，导致美股两天内市值蒸发逾5万亿美元，纳斯达克指数进入技术性熊市[①]。

第三，加征关税还可能切断国际供应链，使依赖进口零部件的企业生产中断，影响上下游企业。如美国对中国加征关税，影响中国零部件出口，也使美国企业零部件供应中断，生产停滞。

产业链中断不仅影响企业盈利，还可能引发系统性风险。金融机构对相关产业链上企业信贷风险上升，不良贷款增加，银行等金融机构将面临极大的流动性风险和信用风险。这种风险在金融市场中传导，继而引发金融市场动荡。

2.2.2 关税战对被加征关税国的影响

（1）被加征关税国经济发展将承担更多压力。

第一，被加征关税国出口贸易会受到一定阻碍，加征关税最直接的影响是导致被加征关税国家的出口商品价格上升，从而降低其在国际市场上的竞争力。

---

① 中国新闻网. 关税令美股两天蒸发逾5万亿美元 经济衰退风险增大，中国新闻网，https://www.chinanews.com.cn/cj/2025/04-05/10394879.shtml.

以2025年美国"对等关税"政策对日本汽车出口的影响为例，受美国25%附加关税的影响，部分日本车企正处于"每小时损失100万美元"的状态。在美汽车销量较高的丰田汽车公司称，这一关税政策预计将给企业带来超过一万亿日元的资金负担。若该关税政策持续生效，日本经济还将面临巨大下行压力[①]。

为了维持市场份额，日本汽车制造商可能会选择承担部分关税成本，导致直接压缩其利润空间。据高盛分析师汤泽康太的模型显示，若日本车企选择涨价以抵销关税，销量将下滑8%～26%，利润的缩水幅度将达到6%～59%。

第二，加征关税还有可能导致被加征关税国经济增长放缓。众所周知，消费、投资和出口是拉动经济增长的"三驾马车"，出口受阻在很大程度上会对被加征关税国的经济增长产生负面影响。出口减少直接影响企业收益，进而导致投资和消费的减少。

第三，面对加征关税带来的出口压力，被加征关税国的企业不得不重新调整现有生产经营结构，寻找新的市场和业务方向。一方面，部分企业通过技术升级和产品创新，提高产品的附加值，以应对关税带来的成本上升；另一方面，一些企业通过将生产环节转移到其他国家或地区，以规避关税。这种产业结构调整虽然有助于企业长期发展，但在短期内可能导致国内相关产业的空心化，对就业产生冲击。

---

① 环球时报. 日美就汽车贸易展开博弈：日本一边和美谈判，一边紧盯汽车出口，环球网，https://m.huanqiu.com/article/4MYnrkUCV6e.

（2）关税战会给被加征关税国带来经济负面冲击的同时，也是被加征关税国于"危机"中寻找"变机"的关键。

加征关税不仅会对被加征关税国出口产生直接冲击，还会在一定程度上倒逼这些国家加快技术创新的步伐，提升自身产业的竞争力。

第一，加征关税直接导致价格优势被削弱，以及进口原材料和零部件成本上升，企业为了维持利润空间，必须通过技术创新来提高生产效率、降低生产成本。

第二，关税战导致出口市场萎缩，企业为了寻找新的增长点，必须通过技术创新来开拓国内市场或新兴国际市场。

第三，加征关税往往伴随着技术封锁，被加征关税国的企业在获取先进技术时面临更多障碍。这种外部压力促使企业加大自主研发投入，突破技术瓶颈。

2.2.3 关税战对全球经济的影响

（1）关税战将导致全球贸易与经济增长放缓。

一方面，加征关税直接提高了进口商品成本，使进口商品价格竞争力下降，企业为了维持利润，不得不提高商品价格，导致市场需求减少。另一方面，加征关税后，企业需要支付更高的关税和合规成本，导致贸易复杂性和不确定性增加，企业会相应地减少或暂停相关贸易活动，市场需求进一步减少。长此以往，全球贸易量将出现明显萎缩。

以 20 世纪 30 年代，美国通过《斯穆特-霍利关税法》为例，该法案大幅提高了进口商品的关税，共涉及 2 万多种商品，最高关税税率达 60%。该法案颁布后引发了全球范围内的贸易报复，加拿大、英国、法国、德国等主要贸易伙伴纷纷对美国商品加征报复性关税。

一系列的关税措施使得全球贸易量大幅萎缩，1929 年至 1934 年间，世界贸易总量下降约 66%，这一时期，全球贸易几乎陷入瘫痪[1]。贸易停滞带来的收入减少又会进一步降低企业和消费者对未来经济发展的预期，进而减少投资和消费支出，全球经济也将面临衰退危机。例如，美国宣布"对等关税"政策后，国际货币基金组织已将 2025 年全球经济增长预期从 3.3% 下调至 2.8%[2]。

（2）关税战将对全球供应链安全产生严重负面冲击。

加征关税会导致原有供应链中断风险大幅提高，迫使企业重新调整供应链布局，意味着企业为了应对关税增加带来的成本上升，不得不与供应商就合同条款重新谈判，甚至更换供应商。这种行为不仅增加了企业在采购、物流等领域的运营成本，还破坏了长期建立的供应商关系，进一步增加了供应链的不确定性。

（3）关税战将进一步加重全球贸易体系碎片化发展特征，不利于多边贸易体系稳定运行。

在经济全球化的进程中，世界贸易组织（WTO）作为多边贸易体系的核心机构，为国际贸易提供了稳定和可预测的规则框架。世界各国相互尊重，彼此信任，不以其他国家作为潜在威胁是多边贸易体系存在并且有效运行的重要前提。然而，关税战的

---

[1] 新华社. 美国关税战之害的世纪警示，人民网，http://world.people.com.cn/n1/2025/0503/c1002-40472674.html.
[2] 国际货币基金组织：《世界经济展望报告》，2025-04-22.

每次发起都是关税加征国对经济全球化的挑衅与违背，使全球经济发展笼罩在单边主义、保护主义的阴霾之下，国家间纷纷筑起关税高墙，甚至采用更加具有针对性和破坏性的非关税限制措施，加剧各国信任危机，多边贸易体系面临停摆。

第一，加征关税违反WTO的最惠国待遇原则，最惠国待遇原则指成员国在货物贸易、服务贸易和知识产权领域给予任何国家的优惠待遇都应立即和无条件地给予其他各成员国。然而，加征关税行为往往为更具有效性，且针对特定国家和特定产品实施歧视性关税政策，例如，2018年美国对中国的部分商品加征高额关税，这种单边主义行为明显违反了最惠国待遇原则。

第二，关税战将削弱WTO争端解决机制的权威性。WTO的争端解决机制为成员国提供了公平公正的争端解决平台。但是，加征关税行为往往绕过这一机制，直接采取单边措施，无视WTO争端解决机制的权威性。

例如，美国在2018年对中国的部分商品加征关税时，未通过WTO争端解决机制进行协商，而是直接采取单边行动，甚至还频繁阻挠WTO上诉机构法官的任命，使得上诉机构无法正常运作。2019年，上诉机构就因法官人数不足而陷入瘫痪，导致许多贸易争端无法得到及时解决。

第三，关税战还将导致多边谈判的碎片化。加征关税行为引发多边信任危机，使得各国对WTO的信任度大幅下降。许多国家开始质疑WTO的有效性，这种信任危机不仅削弱了多边贸易体系基础，还导致各国纷纷转向区域性双边或多边贸易协定，试图绕过WTO框架，进一步对多边贸易体系完整性产生负面冲击。

2.3 关税战的演进：从 19 世纪欧洲到 21 世纪中美，为何总在循环

关税战下没有赢家。为何它频频出现在全球贸易发展的轨道上呢？我们认为有以下几点原因。

（1）缓解贸易逆差问题和增加财政收入。

面对长期贸易逆差时，有的国家可能会通过提高关税来减少进口，从而改善贸易平衡。例如，20 世纪 80 年代，日本制造业加速发展，美日贸易逆差不断扩大。为了减少贸易逆差，美国政府多次对日本发起"301 调查"，试图迫使日本减少对美商品出口[1]。

同时，在经济危机时期，国家可能会通过提高关税来增加财政收入，缓解经济压力。例如，20 世纪 60 年代末，美国为缓解本国面临的通货膨胀加剧、财政赤字扩大和黄金大量外流等问题，暂停美元和黄金的兑换，同时，对美国所有的进口商品征收 10% 的附加费[2]。再比如，近年来，美国不断挑起与主要贸易伙伴国的贸易摩擦，也与受联邦政府采取积极扩张的财政政策和

---

[1] 中华人民共和国商务部. 回顾世界 300 年贸易战：和为贵, WTO/FTA 咨询网, http://chinawto.mofcom.gov.cn/article/ap/p/201803/20180302723887.shtml.
[2] 央视网. 美国历史上 5 次发动"关税战" 伤人害己为何仍执迷不悟？光明网, https://m.gmw.cn/2025-04/13/content_1304014888.htm.

美联储加息双重影响，导致美国政府债务高企、财政赤字问题严重，美国政府希望通过加征关税来弥补财政收支缺口有关[①]。

（2）保护本国产业发展。

当一个国家的某些产业处于发展不景气时期，国际竞争力不强，政府可能会通过征收关税来保护这些产业免受外国成熟企业的冲击。例如，19世纪美国为了保护本国的钢铁、纺织等新兴产业，对进口的同类产品加征关税[②]。同样还是美国，21世纪初，美国钢铁行业发展停滞，美国政府再次使用关税措施，对10类钢铁商品征收最高达30%的关税。此外，对于一些传统产业，政府也可能通过关税来维持其市场份额，以防止廉价的外国产品冲击国内企业的利益，维护传统产业的稳定，保障相关从业人员的就业和收入。

（3）巩固技术领先地位。

科技博弈往往是国家间发生贸易争端的重要原因，部分国家利用"后发优势"，即通过学习、引用、吸收和转化全球已有的先进知识和技术，来增加本国的知识要素，从而以相对较快的速度实现科技进步。与此同时，技术领先国由于担心这些国家会对其技术垄断地位产生威胁，通常将关税作为主要工具，从贸易领域扼制其他国家技术发展。

20世纪80年代，日本半导体产业迅速崛起，日本成为全球领先的半导体生产国。日本企业在存储芯片（如DRAM）等领

[①] 宋湘燕，赵亚琪.美国关税政策的理论误区与现实目的［J］.清华金融评论，2020，（01）：97-101.
[②] 贾根良，杨威.战略性新兴产业与美国经济的崛起——19世纪下半叶美国钢铁业发展的历史经验及对我国的启示［J］.经济理论与经济管理，2012，（01）：97-110.

域的市场份额不断扩大，对美国的半导体产业构成了巨大威胁。美国担心日本的技术优势会削弱自己在全球半导体市场的主导地位，便以日本半导体产品存在"不公平贸易行为"为由，对价值3亿美元的日本产品加征100%的关税，直接影响日本半导体产品在美国市场的销售。

第三章

CHAPTER 3

历史上的关税战
——荒诞与教训并存

美国著名经济学家斯蒂芬·罗奇表示"没有人能从贸易战当中获益，关税政策是'双输'的"。本章将回溯那些经典的关税战案例，剖析其起因、过程与结果，以史为鉴，为当下与未来的经济博弈提供洞见参考。

3.1 英国与美国的关税争端：独立战争的经济背景

历史总是充满戏剧性，而美国独立战争的爆发，很大程度上就是一场"经济账"导致的结果。英国人原本只是想从北美殖民地捞点"油水"，结果却意外点燃了一场革命的导火索。英国和美国是如何在关税问题上"斗智斗勇"的？

18 世纪中叶，英国可谓"花钱如流水"。在长达 7 年的英法战争（1756—1763 年）中，英国虽然战胜了法国，但也面临着严重的债务危机。到 1764 年，英国的国债已超过 1.3 亿英镑，这一天文数字使得英国急需找地方"捞一笔"来填补这个大窟窿。

于是，英国人把目光投向了北美殖民地。英国议会决定向北美殖民地征收更多税收，以维持驻军和行政开支。一直以来，英国对北美殖民地的管理模式较为松散。虽然在 17 世纪，为扼制荷兰在贸易中的竞争实力，英国颁布《航海条例》，规定殖民地的某些商品只能卖给英国或其他英国殖民地，同时，其他国家如果想对英国的殖民地出口商品，就必须先将商品卖给英国，而不能直接运销至这些殖民地，给英国殖民地购买和贩卖商品带来一定的限制。

但北美殖民地的居民并不都是严格遵守英国法律的人，他们选择以利益导向为原则，积极寻找一切能够获利的机会。因此，殖民地的商人开始大规模走私，把英国对殖民地的限制政策当成"耳旁风"，部分地方的议会和居民为了追逐暴利，还公然反对英国保卫北美殖民地的行动，甚至在司法、教士薪俸等问题上直接挑战宗主国权威。

到了独立战争时期，绝大多数学者认为北美殖民地经济发展速度已超过英国本土，离心倾向十分强烈。但英国似乎并未意识到这一问题的严重性，巨额的债务危机使其不断颁布各类税法，这也直接点燃了美国独立战争的经济导火索。

1764年，英国颁布《糖税法》，开始对北美殖民地的食糖和咖啡等进口商品征收"糖税"。起初，英国人可能觉得"糖税"只是个小数目，殖民地人民应该不会太在意，但北美殖民地的人民早已习惯不纳税，《糖税法》的实施自然会引起当地人民强烈反对。

1765年，英国政府再度出台《印花税法》，这次英国人把目标对准北美殖民地的印刷品，殖民地内所有法律文件、报纸、契约，甚至纸牌等印刷品都在征税范围内。此举一出，立刻引发北美殖民地人民的大规模抗议，他们提出了"无代表，不纳税"的口号，认为殖民地在英国议会中并无代表，所以议会无权向殖民地直接征税；同时，他们也成立了"不进口协会"，拒绝购买英国货物。

英国人看到北美殖民地人民的抵制行动，心里也慌了，他们意识到如果继续坚持征收印花税，可能会引发更大的麻烦。于是，英国人决定暂时采取"缓兵之计"，撤销了印花税，但依然强调议会对殖民地的绝对权威。

第三章 历史上的关税战——荒诞与教训并存

高额的债务负担让英国并没有彻底停止对北美殖民地的征税政策。1767年，英国又通过了《唐森德法》，对殖民地进口的玻璃、铅、颜料、纸张和茶叶征税，并设立海关委员会强化执法。北美殖民地再次发起新一轮抵制英货运动，波士顿等地爆发抗议。

迫于压力，英国只得取消《唐森德法》，仅保留"茶税"来作为英国对北美殖民地统治权力的象征。此后，英国与北美殖民地的关系得到缓和，贸易恢复了正常，殖民地一派繁荣景象。但英国和北美殖民地之间的矛盾并没有得到根本性解决，一场更大的危机正处于酝酿之中。

当时的英国东印度公司因经营不善而积压了大量货物，他们希望英国能够允许其在爱尔兰和美洲销售茶叶，与此同时，他们也会向英国政府上缴部分收入来作为回报。此举既能通过低价倾销打击殖民地走私行为，又能拥有稳定的财政收入来源，英国政府认为这是个两全其美的"好办法"，于是在1773年颁布《茶叶法案》，允许东印度公司在北美低价倾销茶叶。廉价的茶叶并没有让北美人民停止对英国统治的反抗，相反，他们认为这是英国对北美贸易垄断的巨大阴谋的开端，因此反对东印度公司倾销茶叶的呼声愈发强烈。

1773年12月16日，波士顿的一批抗议者决定采取行动。他们化装成印第安人，潜入波士顿港口的英国货船，将价值上百万英镑的茶叶扔进海中，这就是著名的"波士顿倾茶事件"。这一事件激起了英国政府的愤怒，导致其对殖民地实施更加严厉的镇压政策，也成了美国独立战争爆发的导火索之一。此后，美国独立战争爆发，直至1783年，这场以关税战为经济因素的独立战争才落下帷幕。

波士顿倾茶事件在过去的相关文献中，大多被认为是一次反对英国暴政的正义行动，但现在越来越多的研究认为，"波士顿倾茶"更可能是茶叶走私集团为了维护自身的走私利益而对抗正常税收改革的一次行动。然而，历史是多维的，不同的读者会对同一历史事件产生不同看法，因此，以上论述仅供参考。

3.2　19世纪欧洲关税同盟的崛起

19世纪初的欧洲，经济格局可以用"乱炖"来形容。英国凭借其强大的工业实力，成为"世界工厂"，到处"推销"自己的商品；而当时的德意志虽然在拿破仑战争中取得胜利，名义上实现民族独立，但经济发展十分落后，联邦内部各邦国间关卡林立，每个邦国都有自己的法律、商业、货币以及关税，对于其他邦国而言都是"外国"，因此，仍然极易受到周边大国的影响。普鲁士作为德意志内部最强大的邦国，率先打破这一局面，实行国内经济改革，并积极推动各邦国建立关税同盟。

1815年拿破仑战争结束后，普鲁士面临着经济重建的艰巨任务。战争破坏和经济封锁使得普鲁士的经济发展举步维艰。普鲁士邦国意识到，必须要进行经济改革，打破国内关税壁垒，促进商品流通。1818年，普鲁士正式宣布废除境内税收和商业关卡，实行自由的商业政策。这一改革取得了显著成效，商品流通速度加快，市场活力显著增强，工业发展也得到有力推动，这场经济改革也为后来关税同盟的建立奠定了坚实基础。

普鲁士的经济改革引起了周边小邦的兴趣。这些小邦虽然经济实力有限，但也都想借着普鲁士的"东风"，发展自己的经济。于是，普鲁士开始与周边小邦签订关税协定，逐步扩大自由贸易的范围。1828年，普鲁士与黑森-达姆施塔德签订了关税协定，根据协定，双方取消了彼此之间的关税，统一了对外国进口商品的关税税率，并规定关税收入按各邦国人口比例分配。

这一协定的成功实施，为后来的关税同盟积累了宝贵的经验。1834年，由普鲁士领导的德意志关税同盟成立，同盟旨在对德意志联邦内部实行自由贸易，对外国进口商品征收统一关税。到1867年，除汉堡和不来梅外，其余邦国均加入关税同盟。

关税同盟成立为德意志联邦工业发展提供了强大的动力。通过降低关税，德意志联邦内商业投资积极性大幅提高，促进了工业快速发展。同时，关税同盟内部市场的扩大，也为工业产品提供了广阔的销售空间。德意志的钢铁、机械等工业部门在关税同盟的保护下，迅速崛起，成为欧洲工业的"新贵"。关税同盟成立也为德意志的统一奠定了坚实的基础。经济上的联合，让德意志地区的邦国之间形成了紧密的利益共同体。最终，在普鲁士的领导下，德意志联邦实现了统一，建立了德意志帝国。关税同盟就像一个"经济孵化器"，孕育了德意志统一的"政治果实"。

19世纪德意志关税同盟的崛起，是一场"经济抱团"的大戏。它不仅改变了欧洲的经济格局，还为后来的经济一体化埋下了伏笔。关税同盟的成功，离不开"天时、地利、人和"这三大因素，也离不开普鲁士的"牵头"之举和各邦国的共同努力。这场大戏虽然已经落幕，但它所开创的"经济联盟"模式，在欧洲乃至世界范围内留下了深远的影响。

3.3 清朝与西方国家的关税战：贸易限制、摩擦与鸦片战争的导火索

清朝前中期的海关税制，植根于封建专制与重农抑商的思想土壤中。康熙二十三年（1684年）解除海禁后，清政府虽设立闽、粤、江、浙四大海关，但税制设计始终以限制贸易、维护统治为核心，其本质仍是通过税收控制对外交流，防止内外势力联合威胁清政府政权。至乾隆时期，政策进一步收紧，海关税制成为"闭关锁国"的重要工具。

与此同时，西方资本主义国家在工业革命的推动下，急需开拓海外市场。中国作为丝绸、茶叶、瓷器等奢侈品的原产地，成为英、法等国垂涎的目标。然而，清朝严苛的关税政策、繁复的附加税以及贸易限制，与西方自由贸易的诉求形成尖锐对立。这种矛盾最终演变为一场持续百年的"关税战"，并成为鸦片战争的深层诱因。

乾隆二十二年（1757年），清政府为集中管理外商，下令仅保留广州粤海关作为唯一通商口岸，并大幅提高江浙海关税率，迫使外商"舍浙趋粤"。这一政策直接导致英国东印度公司的贸易成本激增。以茶叶为例，粤海关对细土茶每百斤征税0.2两白银，而江浙海关税率高达0.32两白银，且附加税名目更多。英国商人洪任辉（James Flint）对此极为不满，认为广州贸易环境

恶劣，官吏勒索成风，遂试图打破清政府限制。1759年，洪任辉率商船北上宁波，要求重开江浙海关贸易。他上书浙江巡抚杨应琚，控诉粤海关官员贪污、附加税过重等问题，并请求放宽贸易限制。清政府对此反应激烈，乾隆帝斥其"越控违例"，下令将洪任辉逮捕，监禁于澳门三年。此事件成为清朝与西方国家首次直接贸易冲突的标志，西方商界哗然，英国政府亦将此视为对自由贸易的严重阻碍。

清朝海关税制中，除正税（货税、船钞）外，还存在大量附加税（规礼银）。以粤海关为例，外商船只需缴纳的规礼名目多达60余项，包括"丈量银""通事礼银""库房规礼银"等。据《粤海关志》记载，一艘西洋商船进口时需缴纳规礼银1125.96两白银，出口时再缴533.08两白银，合计高达1659两白银，远超正税额度。

英国商人抱怨："每一艘船的规费相当于货物价值的20%！"更令外商愤怒的是，这些附加税大多被官员中饱私囊。雍正年间，粤海关监督祖秉圭曾上报"担头银"1.8万两白银，实际征收数额远超于此。乾隆时期，官吏虽将部分规礼银"归公"，但仍通过虚报、加征等手段盘剥外商。英国东印度公司档案记载，一担棉花的法定关税为0.15两白银，实际征收却达1.5两白银；茶叶的实征税额也高达法定的4倍以上。这种腐败加剧了贸易摩擦。

清朝对出口商品的严格限制，进一步激化了矛盾。《大清律例》禁止军器、粮食、丝斤、铜铁等物资出口，违者处以极刑。例如，走私丝绸超过100斤者发配充军，走私粮米百石以上

第三章 历史上的关税战——荒诞与教训并存

则直接绞立决。然而，这些禁令未能抑制市场需求。欧洲对中国丝绸、茶叶的狂热，使得走私猖獗。清政府为打击走私，增设关卡、强化巡查，反而推高了黑市价格，刺激更多商人铤而走险。

与此同时，西方对华贸易逆差日益严重。18世纪末，英国每年需向中国支付数百万两白银购买茶叶、丝绸，而英国工业品（如毛纺织品）却因中国自给自足的经济结构难以打开销路。为扭转逆差，英国开始向中国走私鸦片。至道光年间，鸦片年输入量从1800年的4000箱激增至1838年的4万箱，导致白银外流、社会动荡。清政府的关税政策本为"限商"，却间接催生了更大的危机。

1839年，林则徐在虎门销毁两万余箱鸦片，成为鸦片战争的导火索。英国政府以"自由贸易受挫""保护英商利益"为由，发动军事侵略。表面上看，战争因鸦片而起，但其根源是清朝闭关政策与西方扩张需求的不可调和。英国外交大臣巴麦尊直言："这场战争的真正目的，是打破中国对贸易的垄断。"战争爆发后，清朝的海关税制成为英国攻击的重点。

《南京条约》规定，中国须开放五口通商，关税税率由中英协商确定（实际被英国操控为5%的"协定关税"），并废除行商制度。至此，清朝自主制定关税的权利彻底丧失，海关沦为列强榨取利益的工具。

清朝与西方的关税战，本质是两种经济体系的碰撞。清朝试图通过严苛税制维护封建统治，却因无视世界潮流而陷入被动；西方则以"自由贸易"为名，行经济殖民之实。这场冲突留给后世深刻教训：闭关自守终将落后。

清朝的关税政策虽短期内维护了统治稳定，却扼杀了对外贸易的活力，使中国错失工业化机遇。附加税和官吏腐败不仅损害外商利益，更腐蚀了国家治理能力，加速了王朝衰败。近代中国的悲剧表明，如何在开放中维护主权，是任何时代都必须面对的课题。

从洪任辉的入狱到鸦片战争的炮火，清朝与西方的关税战贯穿了18至19世纪。这场没有硝烟的战争，不仅改变了中国的历史轨迹，更揭示了全球化进程中保守与开放、控制与自由的永恒博弈。今天，当人们回望这段历史，仍能从中获得警示：唯有主动融入世界，才能在竞争中掌握先机。

3.4 | 1930年大萧条元凶：美国《斯穆特-霍利关税法》如何让全球贸易崩盘

20世纪20年代，美国的经济舞台上，一出好戏正悄然拉开帷幕。彼时，美国经济看似一片繁荣，高楼大厦拔地而起，汽车在街头川流不息，股市也是一片红火，华尔街金融家们甚至宣称"永久繁荣时代"已然降临。然而，在这光鲜亮丽的表象之下，却暗流涌动。农业危机已经初见端倪，辛勤劳作的农民因粮食价格暴跌而血本无归。工业产能过剩的阴影也若隐若现，工厂里堆积如山的产品找不到足够的买家。1929年10月"黑色星期四"降临——股市彻底崩盘，这一沉重打击不仅戳破了美国繁荣背后的经济泡沫，也让美国社会又一次站在了"自由市场"和"贸易保护"的十字路口。

美国究竟该何去何从？从结果不难看出，美国再次选择了保护主义和单边主义，时任美国总统赫伯特·克拉克·胡佛不顾1000多位美国经济学家的联名反对，签署了被后人视为"最愚蠢法案"的《斯穆特-霍利关税法》。该法案最初是为了保护美国农业的发展，当时的美国农业发展不景气，农产品严重过剩，导致价格不断下滑，甚至跌破生产成本。随着农产品价格下降，土地价格也出现不同幅度的降低，美国农场主的资产价值严重缩水。

面对破产风险，许多农场主认为只有通过筑起关税高墙才能保护他们在本国市场的农产品价格。随着立法过程的推进，越来越多的工业利益集团也纷纷寻求关税政策的保护。待法案正式签署生效时，美国加征关税产品范围已涵盖约两万种商品，进口关税税率提高至近60%。

法案一经签署，首先遭殃的是美国的贸易伙伴。加拿大、英国、法国等这些曾经和美国贸易往来密切的"好朋友"，瞬间变成了"仇敌"。加拿大、古巴、墨西哥等国第一时间大幅提高关税，意大利将美国汽车关税提高至100%以上，西班牙也提高针对美国汽车、轮胎、缝纫机等商品的进口关税[1]。英国大幅缩减对美商品免税范围，1930年，美国对英国出口的商品中有70%是免税的，到1931年年底，免税商品占比已减少到20%[2]。法国将进口汽车关税从"以价计算"修改为"以重量计算"，使得美国汽车对法出口量骤降。

美国以邻为壑的关税政策有没有挽救美国自己的经济发展呢？答案是否定的。在《斯穆特－霍利关税法》签署当天，美国包括小麦、燕麦和黑麦在内的所有粮食价格都在极速下跌，有的甚至创下近十年或近三十年最低纪录。并且，受其他国家报复性贸易政策影响，美国工业产能也大幅下降。首当其冲的是汽车制造业，高额的进口关税使美国部分车型价格提高近50%，相当于直接封锁美国汽车在海外市场的销售；就业问题持续恶化，1930

---

[1] 新华社．新闻调查｜美国关税战之害的世纪警示，光明网，https://world.gmw.cn/2025-05/03/content_38004940.htm．
[2] 经济日报．韩叙．1930年，他几乎要跪下来求胡佛总统悬崖勒马……，京报网，https://news.bjd.com.cn/2025/04/12/11128046.shtml．

年美国失业率为 7.8%，1933 年这一数字上升至 25%。制造业发达的密歇根州和底特律失业情况更加严重，1932 年，两地的失业率分别达到 40% 和 60%[①]。

疯狂的关税政策也给全球贸易按下"暂停键"，在 1929—1934 年间，全球贸易总额暴跌 66%。有经济学家认为，大萧条之所以持续时间如此之长、破坏性如此之大，是因为美国颁布《斯穆特-霍利关税法》将本国经济面临的产能过剩困局推向世界，而其他国家对美国采取的贸易政策又加深了美国经济衰退的问题，循环往复，导致全球性经济金融危机出现[②]。

这次惨痛的教训也使得美国深刻认识到高关税政策的负面影响，在接下来的很长一段时间里，美国都以降低贸易壁垒、推动互惠谈判为目标，为本国企业打开更广阔的海外市场。

《斯穆特-霍利关税法》是关税战历史上颇具警示意义的案例之一。它深刻地说明了贸易保护主义的危害，以及关税战对全球经济的深远影响。这项法案给全球贸易带来的负面影响直到 20 世纪 30 年代末还如阴云一般笼罩在世界各国的"上空"。贸易保护主义看似是保护本国经济的手段，实际上却是一种"饮鸩止渴"的行为，它不仅会引发关税战、贸易战，还会破坏国际贸易体系，阻碍全球经济的发展。美国的高关税政策，最终让美国自身也陷入了经济衰退的泥潭。

---

① 环球时报.杨伟婷，王月.【史海回眸】《斯穆特—霍利关税法》曾重创美国汽车业，环球网，https://world.huanqiu.com/article/4LZNGz3OoKS。
② 中国日报网，【世界说】专家：美国滥用关税措施将适得其反 加剧自身衰退风险更扰乱全球经济，中国日报网，https://cn.chinadaily.com.cn/a/202504/08/WS67f4cac2a310e29a7c4a8127.html。

在全球化的今天，各国经济相互依存，贸易保护主义不仅无法解决问题，反而会加剧矛盾。各国应该秉持开放、合作的态度，共同推动自由贸易的发展。贸易战下没有赢家，只有输家。

3.5 美日半导体战：
日本如何从"芯片霸主"跌落神坛

在科技的世界里，半导体芯片就像是现代工业的"心脏"，谁能掌握芯片，谁就能在科技竞争中占据制高点。20世纪80年代，美日两国围绕半导体芯片展开了一场惊心动魄的"巅峰对决"。这场战争不仅改变了全球半导体行业的格局，也让日本从"芯片霸主"的宝座上跌落。

20世纪70年代末到80年代，日本的半导体产业迎来了"黄金时代"。日本企业凭借着强大的工业基础、先进的制造技术和高效的管理模式，迅速在半导体市场崭露头角。日本的芯片制造商们就像一群训练有素的"忍者"，在国际市场一路披荆斩棘。

日本半导体的成功，离不开几个关键因素：首先，日本政府的大力支持功不可没。日本通产省（MITI）就像一位"幕后军师"，精心策划了半导体产业的发展战略，投入大量资金用于研发和技术创新。其次，日本企业在制造工艺上精益求精，他们的芯片不仅性能出色，而且质量可靠、价格便宜。最后，日本企业善于学习和模仿，他们快速吸收美国的技术，然后通过改进和创新，打造出更具竞争力的产品。

20世纪80年代，日本芯片在美国市场的份额迅速攀升，在存储芯片领域，日本企业几乎占据了全球市场的半壁江山。看着日本半导体产业崛起，美国芯片制造商们感受到了前所未有的压力。美国政府也开始感到焦虑，半导体芯片不仅是高科技产业的核心，更是国防和信息安全的关键，如果日本在芯片领域占据绝对优势，美国的科技霸权将受到严重威胁。于是，美国政府决定出手，一场针对日本半导体的关税贸易战悄然拉开序幕。

由于当时的日本半导体行业对美国较为依赖，为缓解美国政府担忧，日本就半导体关税问题与美国展开多次谈判。1982年4月，日本将半导体关税由10.1%降至4.2%。然而，美国半导体产业界和联邦政府并不满足于削减关税，他们进一步提出阻止日本倾销、禁止日本芯片设计抄袭等新要求。美国政府以"日本半导体倾销"为由，对日本半导体产品展开了一系列贸易调查。美国声称，日本企业通过低价倾销的方式抢占美国市场，损害了美国企业的利益。

接二连三的"301调查"和"反倾销调查"使日本半导体企业压力增大，于是这些企业纷纷向日本政府求援，要求政府出面协调。随后，日本与美国再次就半导体问题展开贸易谈判。在手握谈判筹码的背景下，美国政府趁热打铁，与日本签订了《美日半导体协议》，这份协议可以称得上是美国给日本强行施加的"紧箍咒"。协议规定，日本必须促进美国芯片在日本市场份额的稳步扩大，同时，加强对本国企业的监管，防止企业"低价倾销"。这份协议对日本半导体产业来说，无异于是一场"灾难"，日本企业不仅要削减在美国市场的价格优势，还要在国内市场上为美国芯片"让路"。

故事仍然没有结束，1987年，美国政府以"违反两国贸易协议"（这里的"协议"指上文提到的《美日半导体协议》）为由，宣布对价值3亿美元的日本进口商品征收高达100%的关税。在此后的几年时间里，美国与日本仍就半导体问题进行多次贸易谈判，主要聚焦美国半导体在日市场份额，并引发美国对日本多项关税制裁。直至1992年，日本将美国半导体在日市场份额提高到20%以上，美国才撤销对日本剩余的关税制裁，美日半导体争端基本落下帷幕。

时间快进到2025年4月，美国总统唐纳德·特朗普宣布"对等关税"政策，电子产品和零部件再次成为万众瞩目的焦点。然而，与20世纪80年代美国对日本的强硬关税制裁态度不同，此次关税政策颁布十多天后，美国政府又宣布对智能手机、电脑、芯片等电子产品免除"对等关税"[1]。虽然相关发言人称此举是为企业将海外制造基地迁回美国争取时间，但其本质却是，在全球供应链合作深度发展的今天，任何国家都不能在关税"重棒"下独善其身。以苹果公司为例，其大部分智能手机产品在中国组装，芯片制造设备依赖亚洲供应链，一旦高额关税政策全面实施，快速飙升的产品价格还是要由美国消费者承担。

总而言之，这两次有关技术保护的关税贸易战都证明，科技是国家间博弈的重要主题。在世界经济再次走到"经济全球化"和"单边主义"的十字路口时，我们一方面要继续发挥比较优势，鼓励国家间开展正常的技术合作和人才交流；另一方面也要加大自主创新投入力度，在核心技术领域实现自立自强。

---

[1] 央视新闻. 美国突然宣布！免除部分商品"对等关税"，央广网，https://news.cnr.cn/native/gd/20250413/t20250413_527133840.shtml.

3.6　2018 年中美贸易摩擦

在经济全球化的浪潮中，中美两国作为全球最大的两个经济体，其贸易关系一直是全球经济格局的重要一环。然而，从 2018 年开始，中美贸易关系却陷入了紧张的局面，一场规模空前、影响深远的关税战悄然打响，彻底改变了两国经济交往的轨迹，也给全球经济带来了巨大的冲击与不确定性。

美国自称长期以来在对华贸易中存在较大逆差，这成了特朗普政府发起贸易战的导火索。据美方统计，2017 年，美中贸易逆差的总额为 3752 亿美元。这个数字背后，是特朗普团队精心设计的"三宗罪"：中国"2025 制造计划"被解读为对美技术优势的挑战，外资企业在华遭遇"玻璃门"现象，美国每年因盗版和强制技术转让遭受的损失预估达 2250 亿美元。

美国师出有名吗？

据中国海关总署统计，2017 年美国对华贸易逆差为 2758 亿美元，这与美方统计的 3752 亿美元相距甚远。美中贸易逆差究竟有多少？为何出现如此大的差异？时任海关总署新闻发言人黄颂平认为："目前的美中贸易状况是市场形成的，归根结底由中美两国经济结构、产业竞争力和国际分工决定。如果考虑到统计方法、转口贸易、服务贸易等因素，美中贸易逆差实际上没那么大。"美国贸易逆差统计存在显著偏差①。

美国采用传统的贸易总值统计方法，将终端产品的全部价值归为中国出口，但实际生产涉及多国供应链（如苹果手机的核心元器件来自日、韩等国）。经合组织（OECD）和世贸组织（WTO）的贸易增值计算法显示，美国对华贸易逆差规模至少比美方数据低1/3。同时，转口贸易和服务贸易被忽视，美国将中国香港转口贸易笼统计入对华逆差，其中包含第三方国家或地区的贸易。此外，美国仅统计货物贸易，忽略其对华服务贸易顺差（2017年达541亿美元），导致逆差被片面夸大。

贸易逆差根源在于美国自身经济结构②。美国以服务业为主、低储蓄高消费的经济结构依赖进口来满足需求，导致其长期对全球100多个国家存在贸易逆差。美元作为国际货币须通过贸易逆差向全球提供流动性，美国则借此进口优质商品维持低通胀，实际是受益而非"吃亏"。特别是美国限制对华高技术出口进一步加剧逆差，美国研究机构指出，若放宽对华高技术出口管制，其贸易逆差可减少35%。美国单方面限制出口，却将逆差归咎于中国，逻辑上自相矛盾。

中美经贸关系的互利性被忽视。苹果、通用汽车等美企在华销售额增速远超全球水平，中国市场是其重要利润来源。例如通用汽车在华销量占其全球总销量的42.38%（2017年）。中国法律法规明确禁止强制技术转让，中美企业合作是基于市场原则和

---

① 人民日报微信公号. 细算中美经贸账, 中国政府网, https://www.gov.cn/zhengce/2018-04/23/content_5285206.htm.
② 人民日报微信公号. 细算中美经贸账, 中国政府网, https://www.gov.cn/zhengce/2018-04/23/content_5285206.htm.

契约精神，美企通过技术合作获取了巨大市场收益。

美国以贸易逆差为由发动贸易战，既未正视统计偏差和经济结构性矛盾，也忽视了中美经贸合作的互利本质。此举缺乏事实支撑，实质是借"逆差"之名行保护主义之实。

3.6.1 贸易摩擦初现端倪

2018年3月8日，美国总统唐纳德·特朗普签署公告，以国家安全为由，认定进口钢铁和铝产品威胁美国国家安全，决定于3月23日起，对自中国进口的钢铁和铝产品全面征税，即232措施，税率分别为25%和10%[1]。这一举动犹如一颗石子投入平静的湖面，瞬间引起中美贸易关系的轩然大波。美国的这一决定表面上是为了保护本国钢铁和铝产业，实质上却拉开了中美贸易争端的序幕，为后续的关税战埋下了伏笔。

仅仅十几天后，2018年3月23日，美国贸易代表办公室（USTR）发布《基于1974年贸易法301条款对中国关于技术转移、知识产权和创新的相关法律、政策和实践的调查结果》（《301报告》），指责中国在技术转移、知识产权和创新方面的相关法律、政策和实践存在诸多问题，如强迫美国公司转让技术、使用歧视性许可程序[2]。据此，特朗普政府决定采取强

---

[1] 钢铁报告原文：https://www.commerce.gov/sites/commerce.gov/files/the_effect_of_imports_of_steel_on_the_national_security_-_with_redactions_-_20180111.pdf；铝报告原文：https://www.commerce.gov/sites/commerce.gov/files/the_effect_of_imports_of_aluminum_on_the_national_security_-_with_redactions_-_20180117.pdf。

[2] 301报告全文：https://ustr.gov/sites/default/files/Section%20301%20FINAL.PDF；301报告情况说明（fact sheet）：https://ustr.gov/sites/default/files/USTR%20301%20Fact%20Sheet.pdf。

硬措施,包括在世界贸易组织对华发起挑战、对中国商品加征关税以及限制涉及敏感技术收购的投资。这一系列行为标志着中美贸易摩擦正式升级,两国之间的贸易争端进入了白热化阶段。

面对美国的挑衅,中国迅速做出反应。2018年4月1日,中国国务院关税税则委员会宣布为维护我国利益,平衡因美国对进口钢铁和铝产品加征关税给我国利益造成的损失,对原产于美国的约30亿美元进口商品中止关税减让义务,自4月2日起实施。中国拟中止对美国实施实质相等的减让和其他义务,对自美进口部分产品加征关税,清单暂定包含7类、128个税项产品,按2017年统计,涉及美对华约30亿美元出口[1]。这一反制措施彰显了中国捍卫自身利益的决心,在中美贸易舞台上发出了坚定的声音。

3.6.2 关税加征:贸易战的全面爆发

2018年4月4日,美国贸易代表办公室(USTR)发布涉及500亿美元、1300个单独关税项目的进口产品惩罚关税(25%)清单,以针对"301调查"中所突出的中国强制美国企业转让技术和知识产权给中国国内企业的政策[2]。这些政策支持中国提出的在先进技术中夺取经济领导地位的意图和其产业政策,如"中国制造2025"。拟议的加征关税清单针对受益于中国的产业政

---

[1] 财政部网站.国务院关税税则委员会对原产于美国的部分进口商品中止关税减让义务的通知,中国政府网,https://www.gov.cn/xinwen/2018-04/02/content_5279289.htm.
[2] 美国对中国约500亿美元商品加征25%关税商品清单:https://ustr.gov/sites/default/files/files/Press/Releases/301FRN.pdf.

策又对美国经济危害较小的产品，包括航空航天、信息和通信技术、机器人和机械等行业。这一清单的公布意味着美国在贸易战中进一步加大对中国的施压力度，试图通过高额关税来遏制中国在高科技领域的发展势头。

中国毫不示弱，于同日宣布对美 500 亿美元进口产品反制清单，对原产于美国的大豆等农产品、汽车、化工品、飞机等进口商品对等采取加征关税措施，税率为 25%[①]。在经贸领域的这一果断反击，体现了中国在面对外部压力时的坚定立场和维护国家利益的底线思维。这不仅是一次经济层面的交锋，更是中美两国在经贸规则、产业政策和国际经济秩序等方面深层次矛盾的集中爆发。

2018 年 6 月 16 日，美国宣布对 500 亿美元商品加征 25% 的进口关税，其中第一部分约 340 亿美元商品加征关税措施将于 7 月 6 日实施[②]。7 月 6 日，中国对美国 340 亿美元商品开始加征 25% 关税，正式开启了两国间的关税对峙局面。美国的这一举措，试图通过加征关税来迫使中国在贸易谈判中做出让步，调整其产业政策和贸易结构。然而，中国凭借庞大的国内市场和完整的产业链，在一定程度上抵御了关税压力，同时积极寻求多元化的贸易伙伴和市场，以降低对美国市场的依赖。

---

① 中国对美国约 500 亿美元商品加征 25% 关税商品清单：http://images.mofcom.gov.cn/www/201804/20180404161059682.pdf.

② 第一部分美国对中国约 340 亿美元商品加征 25% 关税商品清单：https://ustr.gov/sites/default/files/enforcement/301Investigations/List%201.pdf；第二部分美国对中国约 160 亿美元商品加征 25% 关税商品清单：https://ustr.gov/sites/default/files/enforcement/301Investigations/List%202.pdf.

3.6.3 贸易战的升级与谈判拉锯

2018年9月18日，美国政府宣布将于9月24日起，对原产于中国的5745项约2000亿美元商品加征10%的进口关税，并将于2019年1月1日将加征关税税率上调至25%[1]。中国在世贸组织追加起诉美国301调查项下对华2000亿美元输美产品实施的征税措施，并于9月24日对8月3日发布的清单中涉及600亿美元进口商品加征10%和5%的关税。这一轮关税升级使得中美贸易摩擦进一步加剧，两国之间的经济关系陷入僵局。

为了缓解贸易紧张局势，中美双方在2018年12月1日的G20峰会期间达成了重要共识[2]。美国总统唐纳德·特朗普与中国国家主席习近平同意立即就强制技术转让、知识产权保护、非关税壁垒、网络入侵和网络盗窃、服务和农业等领域的结构性改革展开谈判。双方同意努力在未来90天内达成一致，如果在此期间双方无法达成协议，10%的关税将提高到25%。这一共识为中美贸易谈判带来了一线曙光。

在接下来的几个月里，中美双方经贸团队进行了多轮谈判。2019年1月30日至31日，中共中央政治局委员、国务院副总理、中美全面经济对话中方牵头人刘鹤带领中方团队与时任美国贸易代表罗伯特·莱特希泽带领的美方团队在华盛顿举行经贸磋

---

[1] 美国对中国约2000亿美元商品加征关税最终清单：https://ustr.gov/sites/default/files/enforcement/301Investigations/Tariff%20List-09.17.18.pdf.

[2] 新华社.习近平：登高望远，牢牢把握世界经济正确方向，中国政府网，https://www.gov.cn/gongbao/content/2018/content_5350039.htm.

商[1]。双方就知识产权保护和技术转让问题、中美贸易平衡、实施机制等议题进行了深入交流并取得了一定的进展。2019年2月14日至15日，刘鹤与时任美国贸易代表罗伯特·莱特希泽、财政部长史蒂文·姆努钦在北京举行新一轮中美经贸高级别磋商[2]。双方认真落实两国元首阿根廷会晤共识，对技术转让、知识产权保护、非关税壁垒、服务业、农业、贸易平衡、实施机制等共同关注的议题以及中方关切问题进行了深入交流。双方就主要问题达成原则共识，并就双边经贸问题谅解备忘录进行了具体磋商。

然而，谈判并非一帆风顺。2019年5月9日至10日，中共中央政治局委员、国务院副总理、中美全面经济对话中方牵头人刘鹤抵达华盛顿，与美方举行第十一轮中美经贸磋商[3]。磋商结束后，刘鹤表示中方将理性对待中美经贸摩擦：中美双方同意继续推动磋商，但中方在原则问题上决不让步，强烈反对加征关税。2019年5月9日，美国政府宣布，自2019年5月10日起，对从中国进口的2000亿美元清单商品加征的关税税率由10%提高到25%[4]，隔天时任美国贸易代表罗伯特·莱特希泽宣布唐纳德·特朗普总统指示拟将对从中国进口的剩下3000亿美元商品加征关税，这使得中美贸易谈判再次面临严峻挑战。

---

[1] 新华社. 中美经贸高级别磋商在华盛顿开幕，中国政府网，https://www.gov.cn/guowuyuan/ 2019-01/31/content_5362636.htm.

[2] 中华人民共和国商务部，中美经贸高级别磋商将于2月14-15日在京举行，https://m.mofcom.gov.cn/article/xwfb/xwldrhd/201902/20190202833583.shtml.

[3] 央视新闻客户端. 第十一轮中美经贸磋商后刘鹤接受中国媒体采访实录：http://m.news.cctv.com/2019/ 05/11/ARTIhEQhoBFAqR2nQcnj6ioF190511.shtml.

[4] 财政部网站. 国务院关税税则委员会关于对原产于美国的部分进口商品提高加征关税税率的公告，https://www.gov.cn/xinwen/2019-05/13/content_5391208.htm.

3.6.4 从紧张对峙到阶段性缓和

2019 年 6 月 29 日，中美两国元首在大阪 G20 峰会上再次会晤[①]。两国元首就事关中美关系发展的根本性问题、当前中美经贸摩擦以及共同关心的国际和地区问题深入交换意见，为下阶段两国关系发展定向把舵，同意推进以协调、合作、稳定为基调的中美关系。双方同意重启经贸磋商，美方表示不再加征新关税。与此同时，会后唐纳德·特朗普面对媒体宣布，美企可继续向华为供货。这一会晤成果为中美贸易关系带来了新的转机，双方在经贸领域的对话重新开启。

在随后的几个月里，中美双方经贸团队继续展开磋商。2019 年 10 月 10 日至 11 日，中共中央政治局委员、国务院副总理、中美全面经济对话中方牵头人刘鹤与时任美国贸易代表罗伯特·莱特希泽、财政部长史蒂文·姆努钦在华盛顿举行第十三轮中美经贸高级别磋商[②]。双方在两国元首重要共识指导下，就共同关心的经贸问题进行了坦诚、高效、建设性的讨论。双方在农业、知识产权保护、汇率、金融服务、扩大贸易合作、技术转让、争端解决等领域取得实质性进展。双方讨论了后续磋商安排，同意共同朝最终达成协议的方向努力。

2019 年 12 月 13 日，中美第一阶段经贸协议达成，文本包括序言、知识产权、技术转让、食品和农产品、金融服务、汇率和透

[①] 新华社. 中美元首会晤：为两国关系定向把舵，新华网，http://www.xinhuanet.com//world/2019-06/29/c_1210173636.htm；G20 大阪峰会特朗普记者会实录：http://cifer.pbcsf.tsinghua.edu.cn/index.php?m=content&c=index&a=show&catid=107&id=322.

[②] 商务部新闻办公室，刘鹤应邀赴美举行新一轮中美经贸高级别磋商，https://m.mofcom.gov.cn/article/ae/ldhd/201910/20191002901371.shtml.

明度、扩大贸易、双边评估和终端解决、最终条款九个章节①。同时，双方达成一致，美方将履行分阶段取消对华产品加征关税的相关承诺，实现加征关税由升到降的转变。这一协议的达成标志着中美贸易关系在经历了一年多的紧张对峙后，迎来了阶段性缓和。

2019年12月20日，美国总统唐纳德·特朗普与中国国家主席习近平就中美第一阶段经贸协议问题进行了通话②。唐纳德·特朗普表示，美中达成第一阶段经贸协议，对于美国、中国和整个世界都是一件好事，美中两国市场和世界对此都作出了十分积极反应。习近平指出，中美两国在平等和相互尊重基础上达成了第一阶段经贸协议。在当前国际环境极为复杂的背景下，中美达成这样的协议有利于中国、有利于美国、有利于整个世界和平和繁荣。这一通话进一步巩固了中美第一阶段经贸协议的成果，也为后续的谈判奠定了良好的基础。

2018年开始的中美贸易摩擦对全球经济产生了深远的影响。对于中国来说，关税争端带来了诸多挑战，如部分制造业企业面临成本上升、订单减少问题，出口企业承受了一定的压力。然而，中国通过加快产业升级、推动内需市场发展、加强与其他国家和地区的贸易合作等措施，有效应对外部压力，保持了经济的稳定增长。同时，关税争端也促使中国更加重视知识产权保

---

① 中国网.国务院新闻办就中美经贸磋商有关进展情况举行新闻发布会，https://www.gov.cn/xinwen/2019-12/14/content_5461033.htm；美国贸易代表办公室USTR宣布中美达成第一阶段协议：https://ustr.gov/about-us/policy-offices/press-office/press-releases/2019/december/united-states-and-china-reach；美国贸易代表办公室USTR发布的关于中美协定的事实清单：https://ustr.gov/sites/default/files/US-China-Agreement-Fact-Sheet.pdf.
② 新华社.习近平应约同美国总统特朗普通电话，中国政府网，https://www.gov.cn/xinwen/ 2019-12/21/content_5462820.htm.

护、技术创新和产业自主可控，加快了经济高质量发展的步伐。对于美国而言，关税争端并未达到其预期的目标，反而引发了一系列负面影响。美国企业和消费者因关税增加而承担了更高的成本，部分制造业企业面临供应链中断的风险，农业等行业也受到了中国反制措施的冲击。此外，关税争端加剧了全球贸易的不确定性，对全球产业链和供应链的稳定产生了破坏性影响，也削弱了美国在国际贸易体系中的信誉和影响力。

这场关税战也为全球经济带来了诸多启示。在经济全球化的时代，各国经济相互依存，贸易战没有赢家，只会导致双输甚至多输的局面。各国应秉持合作共赢的理念，通过平等对话，协商解决贸易分歧，共同维护多边贸易体制的权威性和有效性。同时，各国也应加强自身的经济结构调整和转型升级，提高经济的韧性和竞争力，以应对全球经济格局的变化和潜在的风险。

2018年中美贸易摩擦是一场充满波折与挑战的经贸博弈，它不仅考验着中美两国的智慧和定力，也对全球经济的稳定与发展产生了重大影响。通过这场贸易战，我们看到了经济全球化进程中的矛盾与困境，也深刻认识到和平、稳定、合作的国际经济关系对各国发展的重要性。未来中美两国在全球经济中的角色和互动仍将备受关注，唯有携手合作，才能实现互利共赢，推动全球经济的持续繁荣与发展。

3.7 欧盟对华电动汽车反补贴案：全球汽车产业新秩序的分水岭

当比亚迪汉 EV 在柏林街头与宝马 i4 并驾齐驱时，我们看到的不仅是两个品牌的竞争，更是两种文明形态的赛跑。欧盟对华电动汽车反补贴案里没有最终赢家，却为人类留下三件遗产：一套更适应技术爆炸的贸易规则、一个更包容的产业创新生态、一次关于工业文明未来的集体思考。

2023 年欧盟对华电动汽车反补贴案，不仅是中欧经贸关系史上的重要事件，更成为观察全球汽车产业重构、贸易规则博弈和地缘政治互动的多棱镜。这场持续近两年的经贸冲突，深刻揭示了传统汽车强国与新兴产业势力之间的竞合关系，其影响已超越双边范畴，成为重塑全球汽车产业格局的关键变量。

欧盟对华电动汽车反补贴案的背后是中国产业变革与欧盟战略焦虑的碰撞。在技术与政策支持的双轮驱动下，中国电动汽车产业快速崛起。2023 年，中国新能源汽车全年产销量均突破 900 万辆，已连续 9 年稳居全球第一，其中出口超过 120 万辆，同比增长超过 77%，跃升为全球第一汽车出口国[1]。奇瑞集团 2023 年出口汽车超 93.7 万辆，平均每 33.65 秒，就有一辆奇瑞汽车扬帆

---

[1] 王梦冉. 汽车行业年度观察自主品牌加速超越 重塑汽车产业格局, 新华网, https://www.news.cn/auto/20240202/50bdabc1922a44b49f3f3b3ccf2cdd41/c.html.

第三章 历史上的关税战——荒诞与教训并存

出海；岚图品牌登陆丹麦、荷兰等多个欧洲国家；2023年，德国进口约44.6万辆电动汽车，比上年增长23.5%，价值141亿欧元，大部分来自中国（数量份额为29.0%，较2022年增长一倍多）[①]；海关数据显示，我国新能源汽车的出口均价从2021年的1.95万美元，提升至2023年的2.38万美元[②]。

中国电动汽车快速崛起动摇了欧盟汽车产业的优势地位，引起欧盟汽车产业的战略焦虑与保护本能。汽车产业是欧盟的传统优势产业，长期保持着较强的竞争力，是欧盟制造业对外贸易顺差的主要贡献领域。2015年汽车产业为欧盟直接或间接提供了约1260万就业岗位，占欧盟全部就业岗位的5.7%，其中约330万人直接从事汽车制造业，占欧盟制造业就业总数的10.9%。但近年来，欧盟汽车产业竞争力衰退信号越发显著，中国电动汽车在欧洲市场的崛起，更使得欧盟汽车企业节节败退。

2023年10月4日，欧盟委员会（欧委会）在未收到本土产业正式申请的情况下，援引《欧盟反补贴条例》第10.7条，主动对中国电动汽车启动反补贴调查。欧委会启动调查缺乏充分证据，是典型的贸易保护主义行为，不仅中方强烈反对，也被众多欧盟成员国和欧盟产业所质疑，认为保护主义措施只会适得其反[③]。欧委会主席冯德莱恩宣称，此举旨在"防止不公平补贴扭

[①] 驻德国大使馆经济商务处. 2023年德国电动汽车出口、进口数量和产量均大幅增长，https://www.ccpit.org/germany/a/20240510/20240510gnwk.html.

[②] 王梦冉. 自主品牌加速超越 重塑汽车产业格局，新华网，https://www.news.cn/auto/20240202/50bdabc1922a44b49f3f3b3ccf2cdd41/c.html.

[③] 中华人民共和国商务部. 商务部召开例行新闻发布会（2023年12月7日），https://ca.mofcom.gov.cn/xwfb/art/2023/art_6373decba08a4a9ab3ffd64090764495.html.

曲欧盟市场"，并强调调查将遵循世贸组织（WTO）规则。然而，这一决定从立案阶段便引发争议。

根据 WTO《补贴与反补贴措施协定（SCM 协定）》，反补贴调查通常须由本土产业提出申请，仅在"特殊情况下"方可由调查机关主动发起。欧委会声称已掌握"充分证据"证明中国存在可诉补贴，但其提交的立案材料仅笼统指出"中国政府通过多种方式支持电动汽车产业"，缺乏具体案例和数据支撑。中国商务部指出，欧委会的"证据"多为推测性描述，如"补贴政策看似存在"，甚至误将调查程序称为"反倾销调查"，暴露其仓促立案的草率。

2023 年 10 月至 2024 年 10 月，欧委会展开为期一年的调查，但其程序公正性屡遭质疑。欧委会将比亚迪、吉利和上汽三家中国自主品牌企业列为重点调查对象，却未纳入特斯拉（上海）、宝马（沈阳）等外资或合资企业。数据显示，2023 年特斯拉中国工厂向欧洲出口的电动汽车占欧盟市场份额的 28%，远超三家中国自主品牌的总和（7.9%）。欧委会对此解释称"自主品牌更具威胁性"，但未公开抽样标准。中方认为，此举刻意放大中国企业的"威胁"，忽视外资企业的市场主导地位。

调查问卷设计复杂，要求企业提供财务报表、客户名单、电池配方等敏感信息，且答复期限仅 30 天。上汽集团在听证会上抗议，称问卷"涉及商业机密，远超合理范围"。此外，欧委会采用"外部基准"评估补贴。

根据 SCM 协定，调查方须保障被调查方的知情权和抗辩权。但欧委会拒绝向中国企业披露损害计算的详细数据，仅以"保护欧盟企业隐私"为由搪塞。当中国机电产品进出口商会要求其提供欧盟本土企业的市场份额对比时，欧委会回应"可自行查询公开数据"。此外，中方提交的数百页抗辩材料被欧委会以"超出时限"或"与主题无关"为由驳回，而欧盟企业却可在调查截止前随时补充证据。

欧委会将中国已终止的购置补贴政策视为"专向性补贴"。该政策于2022年年底到期，旨在鼓励消费者购买电动汽车，补贴直接发放给消费者，而非企业。欧委会却以"补贴取消后车价未上涨"为由，推定企业仍从中获益。中国学者指出，车价受成本、竞争和供需多重因素影响，此推论缺乏经济学依据。此外，欧委会将研发费用加计扣除、高新技术企业所得税优惠等普惠性政策认定为"专向性补贴"，无视这些政策面向所有行业开放的事实。

欧委会宣称中国补贴导致欧盟产业遭受"实质性损害威胁"，但其数据来源混乱。例如计算市场份额时，对中国进口数据使用"实际消费量"，对第三国数据使用"表观消费量"，导致三者份额之和超过100%。此外，欧委会忽视欧盟产业自身问题：2023年欧盟电动汽车产能利用率仅65%，主要因电池依赖进口和能源成本居高不下，而非中国竞争。德国汽车工业协会报告显示，欧盟车企的电动化转型滞后、燃油车库存积压严重，才是市场份额下滑的主因。

2024年10月4日，欧委会通过终裁草案，决定对中国电动汽车出口生产商加征反补贴税，为期五年[①]。

① 比亚迪集团：17.0%。

② 吉利集团：18.8%。

③ 上汽集团：35.3%。

④ 特斯拉（上海）有限公司：7.8%（以申请个别审查为准）。

⑤ 所有其他合作公司：20.7%。

⑥ 所有其他非合作公司：35.3%。

对于欧盟的贸易保护主义行径，中国方面做了哪些努力？法律层面，中方诉诸WTO争端解决机制。2024年8月14日，中国以欧盟有关措施不符合《1994年关税与贸易总协定》第六条和世界贸易组织《补贴与反补贴措施协定》的各项规定为由，就欧盟对自中国进口电池电动汽车的反补贴调查以及随后对目标汽车征收临时反补贴关税，请求与欧盟进行WTO争端磋商[②]。在2025年3月24日的争端解决机构（DSB）会议上，世贸组织成员审议了中国提出的建立争端解决小组的请求，以审查欧盟对来自中国的新型电池电动汽车征收反补贴税[③]。

同时，中方也相应对欧盟主要出口商品进行反倾销和反补贴调查。2024年8月29日，商务部（以下称调查机关）发布2024年第35号公告，初步认定原产于欧盟的进口相关白兰地存在倾

---

① European Commission. EU Commission imposes countervailing duties on imports of battery electric vehicles（BEVs）from China, https://trade.ec.europa.eu/access-to-markets/en/news/eu-commission-imposes-countervailing-duties-imports-battery-electric-vehicles-bevs-china.

② WTO/FTA咨询网.中国就欧盟对电动汽车的补贴关税向WTO提出争端申诉，http://chinawto.mofcom.gov.cn/article/zdjj/202408/20240803530287.shtml.

③ WTO/FTA咨询网.世贸组织成员考虑中国要求专家组审查欧盟电动汽车关税的请求，http://chinawto.mofcom.gov.cn/article/zdjj/202503/20250303573955.shtml.

销，国内相关白兰地产业受到实质损害威胁，而且倾销与实质损害威胁之间存在因果关系，从而对原产于欧盟的进口相关白兰地进行反倾销立案。2024年8月至2025年4月，中国相继对欧盟葡萄酒、猪肉、牛肉、乳制品等6种商品进行反倾销或反补贴调查立案。在此之前，中国对欧盟的上一次进口调查可以追溯至2019年7月29日。

在外交层面，中方积极推动磋商与行业对话。中国商务部还与欧盟贸易总司举行多轮磋商，提出以"价格承诺"替代关税，即中国企业自愿限制出口价格以避免倾销。2024年11月2日至7日，中欧双方在北京连续进行了五轮磋商，就价格承诺方案的具体条款进行详尽探讨，并在框架构建及协议执行机制上达成了"技术性共识"。但欧盟要求对个别企业设定配额，中方则主张行业集体协议，谈判一度陷入僵局。尽管如此，中欧技术团队一直就电动汽车价格承诺和贸易投资合作有关问题保持密切沟通，并加紧推动磋商进程。

在中方长期的努力下，更是在美国加征对等关税的推动下，2025年4月8日，商务部部长王文涛与欧盟委员会贸易和经济安全委员谢夫乔维奇举行了视频会谈，双方同意立即开展电动汽车价格承诺谈判，并讨论中欧汽车产业投资合作问题[1]，试图从竞争转向合作。

欧盟对中国电动汽车的制裁政策，引发了关于国际贸易规则的争议。中国在世贸组织框架下采取行动，维护自身合法权益的

---

[1] 商务部召开例行新闻发布会（2025年4月24日），https://www.mofcom.gov.cn/xwfbzt/2025/swbzklxxwfbh2025n4y24r/index.html。

同时也促使中欧双方重新审视和调整贸易规则。可以说，中欧博弈催生了新一代贸易规则体系的雏形：一是绿色补贴豁免机制。将碳中和目标与产业政策绑定，允许对新能源技术研发进行定向补贴，为"气候正义"赋予贸易法理。二是技术仲裁快车道。引入半导体、AI算法等领域的专家陪审团，将WTO争端解决周期从3年压缩至6个月，避免技术迭代导致裁决过时。三是数字原产地规则。对自动驾驶算法的"智力贡献度"进行量化评估，超过50%境外代码占比的车辆不得享受自贸优惠——这是人类首次对数字产品实施关税规制。此举是一场规则革命，是WTO 2.0的"胎动"。

中欧双方围绕中国电动汽车开展关税争端的本质，是新旧大陆的"工业王座"争夺战，是工业文明迭代期的"标准制定权"博弈。欧盟将中国的新能源补贴视为"不公平竞争"，却选择性遗忘自身对空客长达40年的政府注资。这种双重标准折射出西方对东方创新模式的本能恐惧。中欧之间的这场电动汽车关税战，让我们看到了贸易保护主义的危害，也凸显出通过合作与协商解决问题的重要性。中欧作为全球重要的经济体，应坚持公平竞争和开放合作的原则，共同维护多边贸易体制。中欧双方通过对话和协商解决贸易争端，是实现互利共赢的关键。

未来，能否在保护主义与开放合作之间找到平衡，将决定全球汽车产业能否真正实现可持续发展。这场战争没有赢家，但可能催生出更公平、更高效的国际汽车产业新秩序。下一次当你手握方向盘（或松开自动驾驶按钮）时，请记住：这个简单的动

第三章 历史上的关税战——荒诞与教训并存

作背后，是一场跨越大陆、改写规则的文明战争。而历史终将证明，真正驱动人类向前的，从来不是关税壁垒，而是开放创新的永恒引擎。

3.8 21世纪的关税战：全球化时代的博弈

　　回溯历史我们不难发现，美国是关税战的"常客"，直到经济全球化的今天，美国还在试图用关税政策扰乱全球经济正常秩序。从1897年颁布《丁利关税法》，到1930年出台《斯穆特-霍利关税法》，再到如今特朗普政府宣布"对等关税"政策，贸易保护主义与孤立主义占据了美国经济发展历程的很长时间。在《贸易的冲突：美国贸易政策200年》一书中，道格拉斯·欧文指出："美国贸易政策始终指向三个基本目标：通过对进口产品征收关税增加政府的收入，通过限制进口保护国内厂商免受外国竞争，以及通过互惠协定减少贸易壁垒和扩大出口。"这就是"3R"目标：税收，revenue；限制，restriction；互惠，reciprocity。不过值得注意的是，这三个目标也被称为"不可能三角"，实现其中两个目标就一定要以放弃第三个目标为代价。很显然，美国当前的一系列关税举措正在抛弃"互惠"这个发展目标，回归美国过去的常态化——贸易保护主义。

　　21世纪初，美国钢铁产业突然发现自己陷入了发展瓶颈：产能过剩、成本太高，在国际市场上根本竞争不过别人。于是，美国政府在2002年3月宣布，要给进口钢铁产品加征最高达30%的关税，美其名曰"保护本土钢铁产业"。最后的结果如何呢？

美国的钢铁产业倒是暂时"喘了口气"，但美国国内的汽车、家电等下游行业却遭了殃。因为钢铁价格一涨，这些行业成本飙升、利润大幅下降，大量工作岗位流失。据统计，2002年美国因钢铁关税流失约20万个工作岗位，比当时美国整个钢铁行业的就业人数还多。世界贸易组织（WTO）这个"裁判"也坐不住了，裁定美国的关税政策违规。美国政府没办法，只能提前撤销这一政策[1]。

21世纪以来，随着经济全球化深入发展，世界各国之间的联系更加紧密，产业链供应链布局更加复杂，任何试图通过关税手段割裂这种联系的行为，最终都会伤害到自身。显然，一次次关税战的教训并没有让美国丢掉这件贸易"工具"，就在钢铁关税战过去十几年后，美国再次向全球经济挥舞起"关税重棒"。

2018年，美国政府多次宣布将对从中国进口的大量商品加征高额关税，涉及信息通信、机械等众多领域（已在前文详细叙述，此处不再展开赘述）。中国毫不退缩，坚决采取反制措施的同时，还加强了对知识产权的保护，推动产业升级和经济结构调整。中国的"硬核反击"不仅维护了自身的经济利益，也为全球化的稳定做出了重要贡献。

同年6月，美国又正式对欧盟、加拿大和墨西哥的钢铁和铝产品分别加征25%和10%的关税。这一决定引发了美国这些传统贸易伙伴的强烈不满。加拿大对价值800多亿人民币的进口美国商品加征报复性关税并在世界贸易组织发起法律行动；墨西

---

[1] 新华社.国际观察｜关税讹诈无法"让美国再次伟大"——起底美国关税战的历史与本质，光明网，https://m.gmw.cn/2025-04/11/content_37959251.htm.

哥也对美国输墨产品实施同等规模反制措施；欧盟也很快做出回应，表示将美国此举诉诸世贸组织争端解决机制，并考虑对美国采取反制措施①。

这场关税战仍然没能如美国所愿——贸易逆差没有缩减，更谈不上彻底消除，制造业回流至美国的想法也落了空，除了自食恶果，美国没有从这场关税战中收获任何东西。美国的关税政策导致进口商品价格大幅上涨，尤其是钢铁、铝等基础材料价格更是飙升；不仅增加了美国国内企业的生产成本，还导致消费者物价指数上升，美国普通消费者的生活成本大幅增加，购买力下降。同时，美国出口企业也因受到其他国家报复性关税的影响，致使出口市场萎缩，企业利润大幅减少。此外，尽管特朗普政府声称关税政策可以增加美国的就业岗位，但实际情况恰恰相反。由于成本上升、利润下降，许多企业不得不裁员以降低成本。据统计，2018年美国因关税政策流失的就业岗位数以万计，尤其是在制造业和农业领域。

放眼全球，2018年美国发起的这场关税战是21世纪以来大规模的贸易争端之一，其影响范围之广、程度之深，远远超出预期。全球产业链和供应链受到严重干扰，国际贸易和投资大幅下降，市场信心受挫，全球经济增长放缓。

屡试无效的美国如今依然把关税作为缓解贸易逆差和重振美国制造业的重要工具，但这一做法无法实现这两个违背国际经济发展规律的目标。关于制造业回流，我们在第二章已深入分析，

---

① 央视财经. 加征关税 美与欧加贸易战再启, https://baijiahao.baidu.com/s?id=16021366 22776297380&wfr=spider&for=pc.

根据比较优势和国际投资理论，当前的美国已不是制造业企业建厂生产的最优选择，一味地加征关税不会实现"make America great again（让美国再次伟大）"，只会"make America great expensive（让美国变得昂贵）"。

关于贸易逆差，本质原因也并非出自美国与其他国家的贸易，而是与美国亲自创建的美元霸权体系有关。半个多世纪以来，美元一直被视为全世界的"储备货币"。各国不得不通过美元进行国际贸易结算，并且将美元作为重要的外汇储备，这使得大量美元流出美国，导致美国在国际贸易中长期处于逆差状态。然而，这些流到海外的美元又会以购买美国国债等金融投资方式回流美国，美国利用海外发展的红利继续支持本国以债务推动经济增长的发展模式。美国处在这样一个使自己长期获益的全球经济发展体系中，却只片面宣扬贸易逆差，给自己的关税政策披上"合理化"外衣，岂不荒唐？

第四章

CHAPTER 4

关税战下的企业生存指南
——关税战中的"避坑密码"

关税战硝烟四起，企业如何在这风云变幻的贸易局势中稳健前行？本章将通过探讨关税信号解读、关税分类优化、转口贸易、市场多元化运作等多元路径，全方位呈现应对之策，为企业寻得生存与发展的破局之路。

第四章 关税战下的企业生存指南——关税战中的"避坑密码"

4.1 预警：看懂唐纳德·特朗普推文能否预测关税风暴

当下作为企业，特别是外贸企业，可能最关心的是"如何在极具不确定性的贸易政策环境中捕捉到一丝确定性"。怎样的声明或指标能够准确反映未来关税政策的走势？是美国国会立法动态，还是美国贸易与制造业高级顾问彼得·纳瓦罗的公开言论？是关注美国通胀率还是洛杉矶港的货运量？还是说盯着唐纳德·特朗普的推文？

4.1.1 唐纳德·特朗普与他的推文

我们从唐纳德·特朗普的推文说起。他发送的推文数量庞大且频率相当高。自成为总统以来，截至2024年，唐纳德·特朗普在"X"上发布了超5万条推文，2019年10月的一周内，他创下发布271条推文的纪录。这种高频发布使其推文成为美国政治议程的重要推动力。唐纳德·特朗普在"X"上畅所欲言，占据他大脑近一半的话题是自己和对手。其中，12574条推文（占比25%）提到了自己的名字，11664条推文（占比23%）则涉及民主党人、自由主义者、左派、贝拉克·侯赛因·奥巴马、比尔·克林顿、乔·拜登、查克·舒默或南希·佩洛西[①]。

---
① https://www.thetrumparchive.com/.

其推文通常具有以下鲜明特征[①]。

一方面，唐纳德·特朗普的推文常附带模糊的政策暗示。他在推文中常提出一些惊人的目标和设想，甚至直接通过推文发布重大决策，但缺乏具体的实施细节。例如2019年3月，他在"X"上单方面承认以色列对戈兰高地的主权，颠覆美国50多年的外交政策；2019年8月，他通过推文宣布对3000亿美元中国商品加征关税，加剧中美贸易摩擦，这也是为什么我们常说"美方挑起了贸易战"。

"X"也成为唐纳德·特朗普的外交施压工具。例如他多次在"X"上赞扬独裁者（100多次），同时抱怨盟友（200多次），这种"非传统外交"模式打破了总统职位的传统边界。其推文中的高频词汇会随着政策重点的变化而变化[②]。如2017年上半年，"Obamacare（奥巴马医改法案）"在其推文中出现次数较多，表明当时唐纳德·特朗普专注于医改问题；到了下半年，"Tax（税）"一词使用频率升高，显示其施政重点转向税改；2018年3月开始，"Job（就业）""Trade（贸易）""China（中国）""Fair（公平）"等词成为其推文中的流行词汇，表明贸易摩擦成为其关注中心。

---

① The New York Times. How Tiump Reshaped thePresidency in Over 11,000 Tweets，https://www.nytimes.com/2019/11/02/insider/trump-twitter-data.html；CBS NEWS. How Trump's 11,000+ tweets have reshaped the presidency, https://www.cbsnews.com/video/how-trumps-11000-tweets-have-reshaped-the-presidency/；FOX NEWS. New York Times examines how Trump 'Reshaped the Presidency in Over 1,000 Tweets', https://www.foxnews.com/video/6100639098001.

② 肖立晟，袁野. 3200条"推特"分析：读懂特朗普的政治手腕，https://mp.weixin.qq.com/s?__biz=MzA3MTA1OTA0Nw==&mid=2247486100&idx=1&sn=a74e0ba0660d6de2a4127a8878d0573d&chksm=9f32199ca845908a9947fc98c174dce13895e09b9ec5a580bcff0ccf8cdbd1cfe9b49c0442a4&mpshare=1&scene=1&.

第四章 关税战下的企业生存指南——关税战中的"避坑密码"

另一明显特点是唐纳德·特朗普的推文充满情绪化表达。其推文通常带有强烈的主观情绪，且负面情绪占比较高。在2017年1月至2024年12月间发送的5万余篇推文中，有5554条推文（占比11%）涉及负面词汇，如可怕、恐怖、侮辱、愚蠢或失败者。攻击性内容占比同样突出。在第一任期开始的第三天，他就发布了第一条"攻击性"推文，攻击反对他的抗议者。在之后的一年里，他一共发了1150条"攻击性"推文。截至2019年11月，这个数字已经来到了5889条。

唐纳德·特朗普常通过情绪化语言（如"砰！我发送了，2秒之内，我们就有了突发新闻！"）强化个人形象，同时频繁自夸。唐纳德·特朗普自2017年1月上任后的33个月里，其推文中183次提及自己活动的规模和掌声，570次攻击移民问题，36次指责媒体不公。

从发布时间规律来看，早晨是唐纳德·特朗普发布推文的高峰期之一，早上六点到十点，他要发大约一半的"攻击性"推文[1]，可以说唐纳德·特朗普的一天从推文开始。他常在清晨抨击前一日媒体的负面报道，利用此时段的高关注度抢占舆论场。而且往往这个时候，他的顾问是不在他身边的。他时常选择在顾问不在场时发布推文，导致宣布的政策缺乏内部协调。例如2019年叙利亚撤军决策前后，他发布与白宫会议相矛盾的信息，引发国内外政策混乱。

从关税政策视角来看，唐纳德·特朗普的推文风格以直接表达个人想法、立场和情绪为特点，经常发表对贸易伙伴的批评，

---

[1] The New York Times. How Tiump Reshaped thePresidency in Over 11,000 Tweets，https://www.nytimes.com/2019/11/02/insider/trump-twitter-data.html.

指责对方的"不公平贸易行为",因此往往被视为关税行动的先兆。例如在中美贸易争端期间,他多次在推文中提及中国,指责中国"对美国存在巨大的贸易顺差,损害了美国利益",之后美国便对中国输美商品加征了高额关税。

唐纳德·特朗普在推文中常强调关税政策对美国经济的益处,如增加财政收入、保护本国产业和就业等。这种宣传往往是在为关税政策做铺垫,暗示其即将采取行动。比如他在2025年4月2日宣布"解放日对等关税"前,就多次在推文中强调关税的重要性,称其将为美国"带来巨额财富",并促使贸易伙伴做出让步。他的推文常带有情绪化和煽动性,以激发支持者的共鸣。这种情绪化的表达方式,使得其推文内容更具影响力,也更容易引发市场的关注和解读。

同时,自唐纳德·特朗普第一任期起,强硬关税派便构成主张贸易强硬路线的核心力量。该派系以白宫贸易与制造业高级顾问彼得·纳瓦罗等为代表,其理念在唐纳德·特朗普推文中也有所体现,如彼得·纳瓦罗主张将关税作为战略杠杆使用,而唐纳德·特朗普在推文中的相关言论也与之相符,强调关税的必要性[1]。总体来看,唐纳德·特朗普的推文在预测关税风暴方面具有一定的影响力,他的言论能够迅速传播并引发关注,对市场和舆论产生了较大影响。唐纳德·特朗普公开言论及对应政策实施情况如表4-1所示。

---

[1] 李亚琦,何文翔. 美国观察 | 从极限施压到谈判回调:特朗普"对等关税"风暴中的白宫人事风云,https://fddi.fudan.edu.cn/0e/b7/c21253a724663/page.htm;李亚琦,何文翔. 美国观察 | 特朗普2.0百日新政观察:人事动态变化、决策冲击与未来走向,https://fddi.fudan.edu.cn/1c/eb/c21253a728299/page.htm.

第四章 关税战下的企业生存指南——关税战中的"避坑密码"

表 4-1 唐纳德·特朗普公开言论及对应政策实施情况

时间	唐纳德·特朗普公开言论	政策实施情况
2018年3月7日10:10:48	唐纳德·特朗普发推文称,"我们的国家已经失去了55000多家工厂、600多万个制造业岗位,累计贸易赤字超过12万亿美元。去年我们的贸易逆差将近8000亿美元。糟糕的政策"	次日(2018年3月8日),唐纳德·特朗普签署公告,认定进口钢铁和铝产品威胁美国国家安全,决定于3月23日起,对自中国进口的钢铁和铝产品全面征税(即"232措施"),税率分别为25%和10%
2018年4月4日7:22:03	唐纳德·特朗普公布计划,打算对总价值约500亿美元的中国进口商品征收25%的关税,并在第二天的推文中说,"我们并不是在和中国打贸易战,那场战争在许多年前就被代表美国的愚蠢或无能的人输掉了。现在我们每年有5000亿美元的贸易逆差,还有3000亿美元的知识产权被盗。我们不能让这种情况继续下去"	2018年4月4日,美国贸易代表办公室发布涉及500亿美元、1300个单独关税项目的进口产品惩罚关税(25%)清单,以针对"301调查"中所突出的中国强制美国企业转让技术和知识产权给中国国内企业的政策。这些政策支持了中国提出的在先进技术中夺取经济领导地位的意图和其产业政策,如"中国制造2025"
2018年6月10日21:17:17	唐纳德·特朗普发推文称,"作为美国总统,我为什么要允许各国继续像几十年来那样实现巨额贸易顺差,而我们的农民、工人和纳税人却要付出如此巨大和不公平的代价?这对美国人民不公平!8000亿美元的贸易逆差"	2018年7月6日,美国开始对中国340亿美元输美商品加征25%关税
2019年5月5日12:08:46	唐纳德·特朗普在推特上宣称:"10个月来,美国对中国500亿美元的高科技产品征收25%的关税,对2000亿美元的其他商品征收10%的关税。这些付款是我们取得巨大经济成果的部分原因。周五,10%将上调至25%"	2019年5月9日,美国政府宣布,自2019年5月10日起,对从中国进口的2000亿美元清单商品加征的关税税率由10%提高到25%

续表

时间	唐纳德·特朗普公开言论	政策实施情况
2019年8月1日 13:26:10	唐纳德·特朗普以中方没有履行购买美国大宗农产品和切断芬太尼对美出口链的承诺为由宣布，"将于2019年9月1日开始对来自中国的剩余3000亿美元货物和产品征收10%的额外关税"	2019年8月30日，美国贸易代表办公室正式在《联邦公报》上发布通知：自美国东部时间9月1日凌晨12时01分开始，对清单中的1250亿美元中国输美商品加征关税，在原有10%的基础上提高至15%，第一批商品包括智能手表、蓝牙耳机、平板电视和多种鞋类。2019年9月1日，美国对中国约1250亿美元中国输美商品加征15%关税开始生效
2019年8月24日	唐纳德·特朗普发推文宣布，"从10月1日起，目前按25%税率加征关税的2500亿美元中国输美商品的加征税率上调至30%。之前从9月1日起按10%税率加征关税的3000亿美元中国输美商品的加征税率上调至15%"	
2025年4月7日 22:55	唐纳德·特朗普指出，"油价下跌，利率下跌（行动迟缓的美联储应该降息！），食品价格下跌，通货膨胀消失了，而长期受害的美国每周却从那些滥用关税的国家那里赚取数十亿美元的利润，而这些关税都是以已经实施的关税为代价的。然而，最大的滥用关税国——中国，其市场正在崩溃——却又在长期以来高得离谱的关税基础上又提高了34%，完全不理会我警告那些滥用关税的国家不要报复。几十年来，他们已经利用了美国这个老好人，赚得盆满钵满！我们过去的'领导人'应该为允许这种以及其他诸多事件发生在我们国家而负责。让美国再次伟大"	2025年4月10日，美国政府宣布对中国输美商品征收"对等关税"的税率进一步提高至125%

第四章 关税战下的企业生存指南——关税战中的"避坑密码"

但另一方面,尽管唐纳德·特朗普推文有一定预测性,但也存在不确定性。其公开言论有时较为模糊或多变,难以精准判断关税政策的具体内容和实施时间。例如 2025 年 4 月 8 日,唐纳德·特朗普在谈及与韩国代总统韩德洙的通话时突兀地表示,自己"正在等待中国的电话",并强调"这一定会发生"。4 月 9 日,在宣布对华关税加至 125% 时,他又重复了这一期待。4 月 17 日,他声称预计将与中国在"3～4 周内"达成协议,并表示愿意降低对华关税。4 月 23 日,他在椭圆形办公室对记者说"145% 是非常高的,不会有那么高的……它将大幅下降,但不会是零",还称"我们会表现得很友好,他们(中国)会很友好,我们看看会发生什么",这些言论引发人们对中美紧张局势缓和的希望。

4 月 15 日,唐纳德·特朗普通过白宫发言人卡罗琳·莱维特发表声明称"球在中国一边,中国需要与美国达成协议,美国不需要和中国达成协议",但中国商务部在 4 月 24 日驳斥了唐纳德·特朗普的言论,称任何关于中美经贸谈判进展的说法都是捕风捉影,没有事实依据。总体来看,受美国国内经济压力、市场负面反馈以及中国的反制措施影响,唐纳德·特朗普在 2025 年 4 月底的公开言论部分反映了对中国关税政策的缓和迹象。

应瑞士政府邀请,中共中央政治局委员、国务院副总理何立峰于 2025 年 5 月 9 日至 12 日访问瑞士,并与瑞士领导人及有关方面举行会谈。访瑞期间,何立峰副总理作为中美经贸中方牵头人,与美方牵头人美国财政部长斯科特·贝森特举行会谈[①]。

---

① 中国驻日本使馆微信公众号. 何立峰将访问瑞士、法国并举行中美经贸高层会谈、第十次中法高级别经济财金对话, 中华人民共和国商务部, https://jp.mofcom.gov.cn/gzdt/art/2025/art_2995ae76342340d183278598a73fa52d.html.

5月10日至11日，中美经贸高层会谈在瑞士日内瓦举行。中美经贸中方牵头人、国务院副总理何立峰当地时间11日晚在出席中方代表团举行的新闻发布会时表示，此次中美经贸高层会谈坦诚、深入、具有建设性，达成重要共识，并取得实质性进展，双方一致同意建立中美经贸磋商机制[1]。

5月13日，中美日内瓦经贸会谈联合声明正式发布，双方在联合声明中达成多项积极共识[2]。美方承诺取消根据2025年4月8日第14259号行政令和2025年4月9日第14266号行政令对中国商品加征的共计91%的关税，修改2025年4月2日第14257号行政令对中国商品加征的34%的"对等关税"，其中24%的关税暂停加征90天，保留剩余10%的关税。相应地，中方取消对美国商品加征的共计91%的反制关税；针对美对等关税的34%反制关税，相应暂停其中24%的关税90天，剩余10%的关税予以保留。中方还相应暂停或取消对美国的非关税反制措施。

双方一致同意建立中美经贸磋商机制，就经贸领域各自关切保持密切沟通，开展进一步磋商。中方代表是国务院副总理何立峰，美方代表是财政部长斯科特·贝森特和贸易代表贾米森·格里尔。双方将定期或不定期轮流在中国、美国开展磋商，或在商定的第三国开展磋商。根据需要，双方可就相关经贸议题开展工作层面的磋商。

---

[1] 中华人民共和国商务部网站. 中美经贸中方牵头人、国务院副总理何立峰出席新闻发布会表示 中美达成重要共识 会谈取得实质性进展, https://tg.mofcom.gov.cn/jmxw/art/2025/art_3398eee3cdf34d55b8f695042cd57f02.html.

[2] 中华人民共和国商务部网站. 中美日内瓦经贸会谈联合声明, https://tg.mofcom.gov.cn/jmxw/art/2025/art_bcd27836e78f4e4cb04483f1e2e8032e.html.

第四章 关税战下的企业生存指南——关税战中的"避坑密码"

美国总统竞选口号与其关税政策

美国总统竞选口号与其关税政策的关联程度如何？美国相关研究机构统计了从伍德罗·威尔逊到乔·拜登时期的各个承诺及其实现率后发现，美国总统承诺实现率仅为67%。研究称，许多总统会出于"拉选票"的目的，故意夸大承诺，换取选民的信任。在最近的三位美国总统中，唐纳德·特朗普、乔·拜登属于不及格水平，分别为58%、57%，贝拉克·侯赛因·奥巴马刚好压线，为67%。而之前从斯科特·威尔逊到吉米·卡特期间的总统，诺言实现率为75%。也就是说，那时有3/4的承诺是可信的，远高于现在的水平。也可以说，近几届美国总统直接拉低了承诺的实现率[1]。

唐纳德·特朗普在2016年的竞选口号是"Make America Great Again（让美国再次伟大）"。虽未明确提及加征关税，但他在竞选期间多次强调贸易保护主义，批评中国等国的贸易政策对美国不公平，主张通过强硬手段解决贸易逆差，为后续加征关税政策埋下伏笔。这种贸易保护主义倾向与他试图恢复美国经济活力、保护本土产业从而实现"美国伟大"的目标相呼应。在2016年竞选后，特朗普政府对中国等多国加征高额关税，如2018年起对价值超过500亿美元的中国产品加征25%的关税，2019年对价值2000亿美元的中国进口商品加征15%的关税等，一定程度上兑现了其竞选期间体现的贸易保护主义倾向和加征关税的意图。

---

[1] 极目新闻.细数那些年特朗普作出的承诺：至今有近一半未实现，央视网，https://news.cctv.com/2023/07/27/ARTI7l1d44OolmO36ILVdhEp230727.shtml.

乔·拜登在 2020 年的竞选口号是"我们在为美国的灵魂而战""重建美好未来",未提及对外加征关税的相关内容。他在竞选纲领中表示美国应实施自由贸易,强调通过与盟友合作等方式解决贸易问题,而非单纯依靠加征关税,这与他主张的多边自由贸易理念相一致,也反映出他试图通过更温和、更注重国际合作的方式来推动美国经济和贸易发展,这与唐纳德·特朗普的贸易保护主义形成对比。拜登政府虽对唐纳德·特朗普时期的一些关税政策进行了评估和调整,但总体上基本延续了部分关税政策,如未立即取消对中国商品加征的高额关税等。

唐纳德·特朗普在 2024 年的竞选口号是"Make America Greater Than Ever Before(让美国比以往更伟大)",涵盖"结束通货膨胀""停止外包,将美国变成制造业超级大国""防止第三次世界大战""保持美元作为世界储备货币"等 20 条核心承诺[1]。尽管他没有直接提及加征关税,但多条承诺都体现了特朗普政府的强硬立场。特别是"将美国变成制造业超级大国"这一承诺与关税政策紧密相关。特朗普政府一贯主张通过加征关税提高进口商品成本,促使制造业回流美国,从而实现减少外包、振兴本土制造业的目标,关税成为推动产业政策的重要工具。唐纳德·特朗普 2025 年 1 月上台后,层层加码,对中国及世界实施了所谓的"对等关税"政策。

---

[1] 特朗普官方网站: https://www.donaldjtrump.com/platform.

第四章 关税战下的企业生存指南——关税战中的"避坑密码"

《2024年共和党官方纲领》提供了更多细节[①]。该纲领所展现的美国贸易政策的总体方向是"重振制造业与'美国优先'":一是重构全球贸易关系,纲领强调将"重新平衡贸易",通过"基准关税"对进口商品加征关税,同时推动《特朗普互惠贸易法案》,要求其他国家在关税和贸易壁垒上与美国对等。二是供应链本土化,纲领承诺"将关键供应链带回美国",特别是在国防、医疗设备和基础工业领域,确保国家战略物资的自主生产能力。三是打击中国主导的全球供应链,纲领涉及撤销中国最惠国待遇,逐步停止从中国进口关键商品(如药品、稀土、电子产品),限制中国购买美国房地产和战略产业,以及明确禁止进口中国制造的汽车,以保护美国汽车产业。

总体上,纲领中的贸易与关税政策具有鲜明的保护主义和民族主义色彩,核心是通过高关税、供应链本土化和对华脱钩,重塑美国经济主权。其政策既延续了唐纳德·特朗普第一任期的"美国优先"路线,又针对当前中美战略竞争加剧的局势提出了更激进的措施。未来这些承诺若完全实施,可能进一步加剧全球贸易摩擦。

4.1.2 企业还能依靠什么

除了唐纳德·特朗普的公开言论,是否还有更可靠的能够反映美国关税或贸易政策信号的存在?当然有,科学性更强的美国

---

① 《2024年共和党官方纲领》,https://rncplatform.donaldjtrump.com/.

宏观经济学指标，比如美国制造业 PMI（采购经理指数）、港口货运量、通胀率等。企业可通过关注以下关键指标来了解美国关税政策信号，并进行风险预警与监测。

特朗普政府加征关税在很大程度上是回应其"制造业回流美国"的承诺。"美国制造业采购经理指数"可以称为美国的"商业信心指数"，是衡量美国本土制造业活动的重要指标，对企业了解美国经济的实际状况有重要参考意义①。所谓采购经理指数（Purchasing Managers' Index，简称 PMI），即根据从采购经理（通常是企业采购部门的负责人）那里收集来的关于企业采购、生产、流通等各环节的数据，进行统计汇总、编制而成的月度综合性指数。它能够反映一国或地区经济运行的状况，或提前揭示经济的扩张或收缩趋势。当 PMI 高于 50 时，意味着制造业处于扩张状态，生产和需求在增加，这对中国外贸企业而言，说明美国市场对各类产品的需求可能上升，包括从中国进口的商品。反之，若 PMI 低于 50，制造业活动收缩，需求减少，外贸企业可能需要警惕订单减少的风险，提前做好市场调整准备。

2025 年 4 月，标准普尔全球美国制造业 PMI 修订为 50.2，与 3 月持平，但低于初步估计的 50.7，这表明制造业仅略微扩张，尽管新订单连续第四个月增长，但主要是受美国国内需求推动。相比之下，受关税相关压力影响，新出口订单下降速度达到自 2024 年 11 月以来的最快速度。同样，美国供应管理协会（ISM）公布的制造业 PMI，从 2025 年 3 月的 49.0 下降至 4

---

① 美国 - 制造业 PMI，https://zh.tradingeconomics.com/united-states/manufacturing-pmi.

第四章 关税战下的企业生存指南——关税战中的"避坑密码"

月的 48.7，也表明美国制造业正连续收缩[①]。其中，美国供应管理协会的制造业生产指数从 2025 年 3 月的 48.30 点下降至 4 月的 44 点。产出收缩是制造业 PMI 收缩的主要因素。美国供应管理协会调查显示，美国制造商正在应对成本上升和利润率压力，而持续的贸易不确定性正在扰乱供应链，导致运输延误、复杂的关税以及成本结构的频繁变化。同时，他们表示客户需求变得更加不稳定，一些客户推迟订单或将关税成本转嫁给制造商。

中长期来看，PMI 的走势可以帮助中国外贸企业提前了解美国市场的趋势。如果 PMI 持续下降或处于低位，企业可以适当调整生产计划，避免过度生产导致库存积压；同时，也可考虑开拓其他市场，降低对美国单一市场的依赖。反之，若 PMI 持续上升，企业则可加大生产投入，满足美国市场的增长需求，确保原材料供应的稳定性，提前与供应商协商供货计划。如果 PMI 持续向好，表明美国制造业有较大的发展潜力，中国外贸企业可以考虑在美国进行直接投资，如设立海外仓、研发中心等，以更好地服务美国市场。同时，也可以寻求与美国制造业企业的合作机会，拓展业务领域。

从 2025 年 4 月美国制造业 PMI 所反映的情况来看，特朗普政府此次推行对等加征关税政策，对美国本土企业造成了显著冲击，特别是那些深度依赖中国供应链的美国本土制造业企业以及大量使用中国产品的美国本土消费者，承受了巨大压力。事实上，制造业回流绝非一蹴而就之事，而是一个漫长且复杂的进程。从理论上讲，加征关税或许能在一定程度上形成倒逼机制，

---

① 美国 - 商业信心指数，https://zh.tradingeconomics.com/united-states/business-confidence.

促使企业与资本重新布局，回流至美国国内市场。然而，这一过程涉及诸多环节，无论是工厂的选址建设，还是生产流程、技术程序等的转移，都需要耗费大量时间与资源。试图通过加征关税这一手段，在短期内实现本土制造业的复苏，其结果往往是对美国原本就脆弱不堪的制造业体系造成剧烈冲击。这无疑是一个自相矛盾的悖论：想借助关税手段推动制造业回流，却在短期内因关税政策而损害了制造业的发展根基。

加征关税，无论从直接层面还是间接层面，都会对出口商品的最终价格产生影响，这对于进口国的消费者而言，无疑是一桩坏事。

关税直接影响商品价格，很好理解，就如《华盛顿邮报》、美国数字新闻网（Axios）等美国媒体所披露的，在特朗普政府推行"对等关税"政策的影响下，美国婴儿用品市场正遭受剧烈冲击。据估算，婴儿用品的总体售价预计将上涨约30%。以全美最畅销的婴儿车为例，其价格将从原本的899美元大幅飙升至1200美元[1]。

不仅如此，加征关税还会在间接层面影响商品价格。以美国自行车行业为例，新泽西州有一家颇具规模的自行车制造商，它同时也是沃尔玛的自行车大型供应商之一。该企业负责人透露，此前确有美国本土供应商主动联系他们，表示愿意承接车把的生

---

[1] 央视新闻客户端.美国关税战已经打到婴儿 美企直言不是中国支付关税，央广网，https://news.cnr.cn/native/gd/20250509/t20250509_527164107.shtml；美媒：高关税让美国婴儿用品面临价格飞涨和断货风险，中国日报网，https://china.chinadaily.com.cn/a/202505/10/WS681f5983a310205377032827.html；特朗普政府关税政策推高美国婴儿用品价格，行业领袖发出警告，环球网，https://m.huanqiu.com/article/4MRuP7Eb0Ji.

产业务，但给出的报价却远远超出了正常的材料成本。若所有自行车零件都转由美国本土生产，最终自行车的售价将翻十倍[1]。

从这一角度来看，作为外贸企业，关注美国国内通胀率水平也十分必要。通胀率的动态变化影响着消费者的实际购买力，通胀率上升会削弱消费者的购买力。

衡量通胀率的指标较多，其中消费者价格指数（CPI）精准地追踪着消费者购买一篮子典型商品和服务价格的变化轨迹。2025年4月，美国CPI环比上涨0.2%，此前的3月则下降0.1%[2]。GDP平减指数则是从宏观层面衡量最终商品和服务价格变化的指标，也被视为通胀压力的关键指标。2025年第一季度，美国GDP隐含物价膨胀率以年化3.7%的速度增长，这一增速不仅高于上一季度的2.3%，还超出了市场预期的3.1%[3]。

尽管CPI和GDP平减指数在计算方法和侧重点上存在差异，但它们都不约而同地指向了一个事实：2025年4月，美国物价呈现上升趋势。

另外，还可以关注美国ISM制造业价格指数等"投入价格指数"。投入价格指数聚焦于生产端，能够直观地反映企业在生产过程中所面临的成本压力。若将美国ISM制造业价格指数与前文提及的美国ISM制造业PMI、ISM制造业生产指数结合起来分析，外贸企业便能对美国制造业的收缩态势形成系统性、细致入微的认知。

---

[1] 央视新闻客户端.美国关税战已经打到婴儿 美企直言不是中国支付关税，央广网，https://news.cnr.cn/native/gd/20250509/t20250509_527164107.shtml.
[2] 美国-通货膨胀率（月度环比），https://zh.tradingeconomics.com/united-states/inflation-rate-mom.
[3] 美国-国内生产总值平减指数，https://zh.tradingeconomics.com/united-states/gdp-deflator.

2025年4月，美国ISM制造业价格指数从3月的69.40点攀升至69.80点[①]，结合前文的信息可以发现，产出收缩（产出指数从48.3降至44.0）而非价格进一步上涨（价格指数从69.4升至69.8）是导致美国制造业在4月连续第二个月陷入收缩状态的主要因素。

美国制造业价格指数可以作为企业出口价格调整的参考依据。中国外贸企业可以通过关注该指数，提前了解美国市场的成本变化趋势，评估自身在美国市场的竞争优势。当美国制造业成本压力较大时，中国外贸企业可以根据自身成本优势和市场情况，适当调整产品价格，以保持在市场中的竞争力。

同时，也要考虑美国进口商可能因成本上升而对进口产品价格的承受能力和反应，确保产品定价既能满足企业利润目标，又具有市场竞争力。当然，当该指数显示美国制造业成本压力持续上升时，也可能会导致美国企业要求中国供应商承担部分成本压力，甚至可能引发贸易摩擦或订单减少。这时，企业便可以提前与美国客户沟通，共同探讨应对策略，降低贸易风险。

锚定海运领域数据或许更为直接。联合国贸易和发展会议（United Nations Conference on Trade and Development，简称UNCTAD）提供有关海运领域的相关指标和数据[②]。

班轮运输连通性指数（Liner Shipping Connectivity Index，简称LSCI）是由联合国贸发会议于2004年制定的，用于衡量一个国家在全球班轮运输网络中的地位。该指数越高，说明该国在

---

① 美国-ISM制造业价格，https://zh.tradingeconomics.com/united-states/ism-manufacturing-prices.
② UNCTADstat Data centre，https://unctadstat.unctad.org/datacentre/.

第四章 关税战下的企业生存指南——关税战中的"避坑密码"

运力、运输方式和服务频次上更具竞争力，从而更容易参与国际贸易。

美国 LSCI 由 2025 年 1 月的 515.73 下降至 3 月的 512.59，第一季度平均值（513.2）较 2024 年第四季度平均值（514.9）略微下降[1]，表明美国在国际贸易中的运输效率和连通性有所减弱。美国全球班轮运输网络的竞争力下降可能受到多种因素的影响，如港口拥堵、运输需求变化、贸易政策调整等。

港口班轮运输连通性指数（Port Liner Shipping Connectivity Index，简称 PLSCI）进一步聚焦于各个港口层面的班轮连通性表现[2]。洛杉矶港是美国第一大海港综合设施，也是美国从中国进口货物的主要门户。进入洛杉矶港和邻近的长滩港的许多货物通过卡车和火车向整个美国大陆运输货物。该港口在 2025 年第一季度的 PLSCI 数值为 287.3，与 2024 年第四季度的 295.17 相比，呈现出明显的下滑态势，表明洛杉矶港在班轮运输连通性方面的短期波动。

从更广泛的美国港口布局来看，在 UNCTAD 纳入监测的 42 个美国港口中，有 10 个港口的 PLSCI 指数出现下降，除洛杉矶港外，还包括地处偏远却具有战略意义的荷兰港，与洛杉矶港紧密协作的邻港长滩港，位于美国东海岸的军事与商业枢纽诺福克港，以及历史悠久且在新英格兰地区航运中占据重要地位的波士顿港等。

---

[1] Liner shipping connectivity index, monthly (analytical)，https://unctadstat.unctad.org/datacentre/dataviewer/US.LSCI_M.

[2] Port liner shipping connectivity index, quarterly (analytical)，https://unctadstat.unctad.org/datacentre/dataviewer/US.PLSCI.

LSCI、PLSCI 能够反映美国港口的运输效率和连通性。中国外贸企业可以根据这些数据，选择更高效、更可靠的港口和运输路线，优化物流决策，降低运输成本和时间。同时，通过关注美国海运数据，企业可以及时了解政策变化对港口运营和运输效率的影响，识别潜在风险，如运输延误、成本上升等，提前做好应对措施，如调整库存策略、寻找替代运输方式，降低政策风险。

UNCTAD 所披露数据在时效性上有所欠缺，可以寻求其他来源数据作为补充。港口货运量被称为"贸易活跃度晴雨表"，是国际贸易活跃度的直接体现。由于横跨太平洋需要时间，且关税生效前进口商的"囤货效应"影响，通常上一个月美国和中国之间的集装箱货运量下降可能会体现在美国下一月份的进口数据中。但无论如何，总体上对于美国港口运货量的数据预测是悲观的。

航运巨头马士基表示，由于世界主要经济体之间爆发关税战，2025 年 4 月份美国和中国之间的集装箱货运量下降了 30% ~ 40%。

美国洛杉矶港执行董事吉恩·塞罗卡表示，由于需求疲软，不少大型货船运营商已经取消了预定的航次，5 月份的船舶运输量可能会下降约 20%，洛杉矶港原本预计 5 月份将有 80 艘船只抵达，但其中 20% 已被取消，截至 5 月上旬，客户已经取消了 6 月份的 13 个航次。

长滩港首席执行长马里奥·科德罗预计，5 月份洛杉矶港和长滩港的总吞吐量将较上年同期下降 30%[①]。港口货运量暗含"供应链调整信号"，如果其出现大幅波动，可能预示着贸易政策的变化或企业供应链的调整，企业可据此提前调整供应链布局，降低风险。

除此之外，比起天天在各大媒体软件上不断刷新的唐纳德·特朗普的言论，更好的选择是跟踪美国国会动向、美国总统顾问言论、美国国会听证会、白宫简报会等预判美国关税的调整。

国会的立法活动能够反映美国关税政策的潜在变化。例如当国会在讨论新的贸易法案或对现有贸易法案进行修订时，可能涉及关税的调整。企业须密切关注相关法案的进展，了解其中有关关税的具体条款和内容。

国会听证会常常就贸易问题进行讨论和审查。在听证会上，政府官员、行业代表、专家学者等会就贸易政策、关税调整等问题发表意见和建议，这些信息有助于企业了解美国政府在关税问题上的立场和思考方向。

白宫简报会是政府发布重要政策信息的平台。企业可以通过关注白宫简报会，及时了解美国总统和政府官员对关税政策的最新表态和解释。通过分析白宫简报会中政府官员的言论，企业可以解读美国政府在关税问题上的意图和思路，从而更好地预判关税政策的调整方向。

美国贸易与制造业高级顾问彼得·纳瓦罗作为唐纳德·特朗普的重要关税决策顾问，一直主张强硬的贸易保护主义政策。他

[①] 财联社.关税冲击即将显现！美国4月份集装箱进口量暴涨 但港口寒潮已来袭，中华航运网，https://info.chineseshipping.com.cn/cninfo/News/202505/t20250509_1403826.shtml.

在多个场合发表对华贸易的强硬言论，强调要通过关税手段减少美国贸易逆差、保护美国产业。除了彼得·纳瓦罗，其他总统顾问的态度和言论也对关税政策产生影响。如财政部长斯科特·贝森特和商务部长霍华德·卢特尼克曾因担忧通胀和供应链成本，建议豁免关键行业关税，这也表明美国总统顾问团队内部存在不同声音，企业需要综合考虑各方观点。

彼得·纳瓦罗是谁？

彼得·纳瓦罗是特朗普政府中对华强硬派的代表人物。他拥有哈佛大学经济学博士学位，曾在加州大学欧文分校担任经济学教授，其学术研究长期聚焦于全球化的负面影响，尤其是中国在全球经济中的角色。他出版了多本关于经济和贸易的著作，其中《致命中国》最为知名，将中国描绘成威胁美国经济的主要对手，主张采取强硬贸易政策。2016年唐纳德·特朗普竞选总统期间，彼得·纳瓦罗因其对中国的强硬态度被纳入竞选团队，并在唐纳德·特朗普上任后出任美国贸易和制造业高级顾问，成为关税政策的主要推动者之一。

彼得·纳瓦罗坚信中国经济崛起威胁全球市场秩序，主张通过保护主义手段重塑全球经济版图，精心策划"美国优先"的贸易战略，力推对华加征关税。他认为贸易逆差是美国经济问题的根源，导致制造业岗位流失和国家经济"空心化"，进而提出"零逆差"理论，主张美国与其他国家的贸易必须完全平衡，出口额应等于进口额，这一理论成为唐纳德·特朗普贸易政策的重要基石。

第四章 关税战下的企业生存指南——关税战中的"避坑密码"

彼得·纳瓦罗反对全球化，认为其导致了美国制造业的衰退和贸易逆差的扩大，对美国经济和就业造成了严重损害。他主张美国应减少对外部供应链的依赖，通过提高关税等手段，将制造业工作岗位重新带回美国。此外，他还批评多国的贸易政策，认为它们损害了美国利益，因此积极推动对多国加征关税，试图以此来迫使这些国家改变贸易行为，与美国重新谈判贸易协定，以实现所谓的"公平贸易"。

从彼得·纳瓦罗的言行来看，未来美国关税态势可能会呈现以下特点：一是关税政策的不确定性增加。彼得·纳瓦罗推崇的关税政策具有较大的不确定性，他可能会根据美国国内政治、经济形势以及国际谈判的需要，随时调整关税政策。例如2025年4月，特朗普政府推出"对等关税"政策，对包括中国在内的多国进口商品征收高额关税，引发了全球贸易的紧张局势。二是对华关税短期内难以大幅降低。由于彼得·纳瓦罗等强硬派的影响，美国政府对华贸易政策的基调难以改变。尽管近期美国降低部分关税，但在美国国内政治环境和利益集团的博弈下，这一过程可能会充满反复和不确定性。三是关税政策可能进一步扩大化。彼得·纳瓦罗曾建议对约3万亿美元的所有进口商品征收25%的统一关税，这表明他有将关税政策进一步扩大化的倾向。未来，美国可能会对更多国家和更多商品加征关税，以实现其所谓的"公平贸易"和减少贸易逆差的目标。

市面上的一些舆情监测工具与政策追踪平台可以在预测美国

关税政策上起到很好的作用。企业可以运用这些工具和资源预判美国关税调整，进行风险预警与监测。

一是 Brandwatch[①]，它具有社交监听、数据分析与洞察、品牌声誉管理、内容管理与协作、竞争分析、危机管理等功能。Brandwatch 能够监测全球范围内的各种社交媒体平台，如 X、Facebook、Instagram、YouTube 等，帮助用户了解品牌在这些平台上的表现；利用自然语言处理和机器学习技术，对海量数据进行分析，提供情感分析、趋势预测和受众洞察等功能；通过实时监测和智能警报，企业可以及时发现负面信息并快速响应，从而保护品牌声誉；提供协作式内容日历，帮助团队管理渠道、工作流、审批和活动，确保品牌一致性和高质量内容；监测竞争对手的社交媒体表现，帮助企业了解市场竞争状况并制定策略；通过设置实时警报，帮助企业在问题升级之前快速响应。Brandwatch 的优势在于强大的 AI 技术、全面的数据覆盖以及多语言支持。它利用先进的 AI 和深度学习技术，快速提取有价值的见解；支持访问全球最大的消费者意见档案，涵盖超过 1.6 万亿条历史对话；支持多种语言，包括中文、英语、法语、德语等。

二是 Talkwalker[②]，它与 Brandwatch 类似，具有实时监测、高级分析、预警通知、可视化展示等功能。Talkwalker 通过对社交媒体、新闻、博客、论坛等进行实时监测，捕捉突发事件和热点话题；利用 AI 驱动的分析，提供情感分析、趋势预测和关键数据洞察，帮助用户深入了解公众的态度和行为。用户可设置预

---

① Brandwatch, https://www.brandwatch.com/.
② Talkwalker, https://www.talkwalker.com/.

第四章 关税战下的企业生存指南——关税战中的"避坑密码"

警通知,以便在出现与其品牌、产品或竞争对手相关的问题时收到警报,避免负面信息的影响扩大。Talkwalker的数据分析结果还可以通过可视化的方式呈现,如图表、热力图等,使数据更加直观、易于理解。Talkwalker每天从超过10万个来源收集数十亿条帖子,覆盖全球超过180个国家,支持超过100种语言,其情感分析能够精准地判断信息的正面、负面或中性情感色彩,还可根据品牌需求生成定制报告,以直观的可视化方式呈现数据,帮助用户做出明智的业务决策。

企业可在Brandwatch、Talkwalker等工具中设置与美国关税政策相关的关键词,如"UStariffs(美国关税)""tradepolicy(贸易政策)""customsduties(关税)"等,及时捕捉美国政府官员、贸易专家、行业分析师等在社交媒体、新闻媒体上的相关言论和讨论,了解政策动态和舆论倾向,利用舆情监测工具的情感分析功能,分析公众对美国关税政策的态度和情绪变化。如果发现负面情绪升温,可能暗示政策调整的风险在增加。同时,通过工具的趋势分析功能,识别关税政策讨论的热度变化和趋势走向,预判政策调整的可能性和时机,借助工具识别在关税政策领域具有影响力的关键人物和意见领袖,关注他们的观点和立场变化。这些关键人物的观点往往会对政策制定和公众舆论产生重要影响,及时了解他们的动态有助于企业把握政策风向。

4.1.3 历史告诉人们什么

当人们疑惑"看懂唐纳德·特朗普推文能否预测关税风暴"

时，实际上反映了企业对于当下美国关税政策制定行为逻辑的普遍看法，那就是没有逻辑或没有依据。但无论当下或未来美国关税政策如何变化和调整，人们总可以寻求历史的帮助。换言之，事情的发展总是有其历史依据的。如果从美国历史角度来看，唐纳德·特朗普加征"对等关税"是否属于特殊事件？答案是否定的。正如我们在本书前半部分中介绍的那样，美国的贸易保护主义由来已久。加征关税并非唐纳德·特朗普个人特立独行之举，而是有其历史基础与文化积淀。

纵观历史，美国曾经历五次关税浪潮，多次关税冲击的规模与影响并不亚于当前"特朗普2.0"时期的政策。关税在美国历史中至关重要，美国独立战争就与英国对殖民地高额征税有关，中华人民共和国成立后关税更是联邦政府财政收入的核心来源，关税文化在美国联邦体系积淀深厚。1860年亚伯拉罕·林肯当选总统后，1861年国会通过《莫里尔关税法案》，希望通过征收关税推动北方工业化，却加剧了南北矛盾。南北战争爆发，深层原因之一是南北在关税政策上的利益冲突，北方主张高关税发展本土工业，南方主张低关税出口农产品，关税政策与这场重大历史事件紧密相关。南北战争后"镀金时代"，威廉·麦金莱推行高关税。1890年他提出《麦金莱关税法案》，1897年又支持通过《丁利关税法案》，通过高关税加速美国工业化进程，使其成为世界第一大工业国。不过，美国工业化发展源自自身因素还是关税推动仍存争议。

1930年赫伯特·克拉克·胡佛签署《斯穆特－霍利关税法》，将大萧条归因于外国商品冲击，企图通过征收高额关税摆脱经济危机。但该法案遭到世界各国反制，不仅没挽救美国经济，反而使其陷入更严重的衰退，成为关税负面作用的典型案例。1971年理查德·米尔豪斯·尼克松宣布"尼克松冲击"，单方面放弃"双挂钩"责任，关闭"黄金窗口"，对美国所有涉税进口品临时征收10%附加税，导致布雷顿森林体系崩溃，影响极为深远。1985年美日爆发贸易冲突，美国对日采取贸易保护主义措施，推动美元贬值、日元升值，签署"广场协议"，这成为日本失去30年的重要诱因之一。美国历史上多次主动采取关税或类似干预政策，其关税战略认识与政策逻辑与我国有本质差异，应从历史维度分析。

从美国关税政策与再工业化历史可以知道，唐纳德·特朗普的关税政策具有历史延续性。关税政策是美国"工具箱"中的常规选项，美国历史上多次通过关税推动工业化或经济调整，唐纳德·特朗普的"对等关税"是这一传统的延续，其背后是美国政治文化的结构性矛盾，而非他个人偶然行为。

同时，历史表明，美国在工业化后期试图通过关税实现"再工业化"均以失败告终。当前美国经济高度金融化、制造业空心化，更加难以通过关税重塑竞争力。特朗普政府的政策同样难以扭转美国制造业衰落趋势，中国企业无须过度担忧其短期冲击，但应警惕长期政策波动。

此外，历次关税战均导致全球贸易体系重构，全球供应链重构是不可逆的趋势。新的关税政策会进一步撕裂美国社会，导致政策执行的不确定性，须警惕政策反复，关注美国国内政治博弈的影响。

总体而言，唐纳德·特朗普的关税政策是美国百年关税传统的延续，但其效果可能受限于美国经济结构的"金融化"与制造业衰退。中国企业须以长期主义应对，短期内灵活调整供应链、成本与定价策略，利用国际规则反制。长期来看，中国企业加速技术自主、市场多元化与全球化布局，把握"去美国化"趋势下的结构性机遇。历史证明，关税战终将倒逼全球贸易体系改革（如 GATT/WTO 的诞生），中国企业可借此推动多边合作，重塑全球产业链话语权。

4.2 侦察：关税政策的细节掌控与时机把握

4.2.1 了解关税政策细节

在讨论中国企业如何结合自身实际情况制定关税政策应对策略前，相比决定调整产品价格和调整供应链和生产布局，更重要的是懂得系统地盘点关税政策的具体情况，全方位掌握关税政策各项细节。

（1）关注官方政策发布平台。

美国贸易代表办公室（Office of the United States Trade Representative，简称USTR）官网[①]是获取美国关税政策信息的核心渠道。该网站会发布所有关于"301调查"、关税调整、贸易谈判等重要文件。例如每次美国宣布对中国商品加征关税的清单及相关说明，都会在该网站的"Press Office（新闻办公室）"或"Enforcement（执法）"版块详细列出[②]。以2018年9月18日美国宣布对2000亿美元中国商品加征关税为例，USTR官网

[①] 美国贸易代表办公室，https://ustr.gov/.
[②] Press Office，https://ustr.gov/about-us/policy-offices/press-office/news；Enforcement，https://ustr.gov/issue-areas/enforcement.

发布了"美国对中国约 2000 亿美元商品加征关税最终清单"[①]，其中详细列出了涉及的 5745 项商品以及对应的关税税率调整等内容。

外贸企业可以通过定期浏览该网站，及时掌握美国关税政策的最新动态。企业可以设置专人关注 USTR 官网的更新情况，尤其是"Press Releases"（新闻稿）和"Documents"（文件）栏目。对于新闻稿中提到的重要政策文件，企业要及时下载并深入分析。同时，可以利用网站的搜索功能，输入关键词如"China tariffs"（中国关税）或特定商品的海关编码，快速定位到与企业业务相关的关税信息。当然，USTR 也按照国家及地区披露信息，支持集中了解美国与中国之间的经济贸易协定[②]。

美国联邦公报（Federal Register）官网是另一个关键的美国关税政策信息来源[③]。美国政府的所有行政法规、规章以及政策变更等信息都会在此发布。当涉及关税政策调整时，如商品范围的细化、关税税率的实施时间等具体细节，联邦公报会有详细的记载。例如，2019 年 8 月 13 日美国商务部工业与安全局（BIS）修改"出口管制条例"（EAR），将 44 家中国企业列入出口管制清单，这一信息在联邦公报上进行了公布[④]。

[①] 美国对中国约 2000 亿美元商品加征关税最终清单，https://ustr.gov/sites/default/files/enforcement/301Investigations/Tariff%20List-09.17.18.pdf.
[②] Economic And Trade Agreement Between The Government Of The United States Of America And The Government Of The People's Republic Of China，https://ustr.gov/countries-regions/china-mongolia-taiwan/peoples-republic-china/phase-one-trade-agreement.
[③] 美国联邦公报，https://www.federalregister.gov/.
[④] BIS 对实体清单的增改和移除通知，https://www.federalregister.gov/documents/2019/08/14/2019-17409/addition-of-certain-entities-to-the-entity-list-revision-of-entries-on-the-entity-list-and-removal.

第四章 关税战下的企业生存指南——关税战中的"避坑密码"

外贸企业可以通过美国联邦公报网站了解美国出口管制政策对自身业务的潜在影响。企业可以订阅联邦公报的电子邮件提醒服务，选择关注与国际贸易、关税等相关的主题。当有新的政策发布时，企业能够第一时间收到通知。同时，要对联邦公报中涉及关税政策的内容进行分类整理，建立企业自身的关税政策数据库，方便后续查询和分析。

了解我国自身的关税政策信息同样重要。中国国务院关税税则委员会为国务院的议事协调机构，国务院关税税则委员会办公室（关税司）设在中华人民共和国财政部。国务院关税税则委员会官网会及时发布中国对美国关税反制措施的相关信息，包括对美国商品加征关税的清单、税率以及实施时间等内容[①]。例如2018年9月18日中国宣布对8月3日发布的清单中涉及600亿美元进口商品，自2018年9月24日加征10%和5%的关税，对应的税目商品清单在该网站的"政策发布"栏目中进行了详细公示。外贸企业要密切关注该网站的公告和通知，对于中国出台的关税反制措施，要及时评估对自身出口业务的影响。同时，可以将中国与美国的关税政策信息进行对比分析，以便更好地制定应对策略。

中国海关总署会发布关于关税调整的详细解读文件，指导企业如何准确申报关税、享受相关优惠政策等。各级政府商务部门和海关等机构也会为外贸企业提供关税政策解读和指导服务。例如四川省商务厅应对美国在2025年4月2日发布的"对等关

---

① http://gss.mof.gov.cn/.

税"政策，为企业提供指导[①]；中国国际贸易促进委员会浙江省委员会就美国海关和边境保护局2025年4月8日发布的对进口商品征收互惠关税（即"对等关税"）指南进行技术性说明，附带具体税号和国别税率[②]。政府为了帮助企业应对贸易摩擦和关税政策变化的影响，会出台一系列扶持政策，如出口退税政策调整、贸易融资支持、跨境电商发展扶持等。外贸企业应积极参加政府部门组织的政策培训和宣讲活动，及时了解国家和地方出台的外贸支持政策。同时，要主动向政府部门咨询关税政策相关问题，获取专业的政策指导和建议，并积极申请相关的扶持资金和优惠措施。

出口退税专题辅导

商务部、国家税务总局为支持包括中小微企业在内的广大经营主体开展外贸出口业务，便于企业掌握出口退税现行规定、及时了解出口退税便利化举措，组织制作了出口退税辅导视频、"一本通"电子手册等材料，并针对企业普遍关心的出口退税热点问题，整理了问答集锦，汇编为"出口退税专题辅导"[③]。

[①] 四川应对贸易摩擦. 美国海关发布关税最新进口指南！在途商品有51天宽限期！附豁免清单，四川省商务厅，https://swt.sc.gov.cn/sccom/c25030603/2025/4/11/5a736ee94f81425d93c84ff67b1ef917.shtml。

[②] 信息服务部. 美对华征收104%关税！豁免产品清单6大类1000种速查！附具体税号和最新国别税率，中国国际贸易促进委员会浙江省委员会，http://www.ccpitzj.gov.cn/art/2025/4/10/art_1229557691_48364.html。

[③] 财务司. 出口企业看过来：财务司. 出口退税专题辅导（第一期），中华人民共和国商务部，https://cws.mofcom. gov.cn/xxfb/art/2023/art_a0b958320b2744469576b343164ba133.html；财务司. 出口企业看过来：出口退税专题辅导（第二期），中华人民共和国商务部，https://cws.mofcom.gov.cn/swcjzc/art/2024/art_a2a5d3337aac4fa2962e090d06b89c0d.html。

跨境电子商务综合试验区设立

在全球贸易格局加速调整的背景下,跨境电商已成为外贸发展的重要趋势。2025年4月25日,《国务院关于同意在海南全岛和秦皇岛等15个城市(地区)设立跨境电子商务综合试验区的批复》发布[1]。国务院同意在海南全岛和秦皇岛市、保定市、二连浩特市、丹东市、滁州市、三明市、开封市、新乡市、鄂州市、邵阳市、梧州市、北海市、防城港市、广安市、博尔塔拉蒙古自治州等15个城市(地区)设立跨境电子商务综合试验区。此次新设综试区涵盖沿海、内陆、边境及特殊经济区,形成了"东西双向互济、陆海内外联动"的开放格局,支持鼓励企业在营销推广、物流配送、支付结算等环节创新,探索跨境电商业务新模式,如直播带货、大数据营销等,增强中国外贸在全球产业链供应链中的地位。

外贸行业协会在关税政策信息共享和行业协调方面发挥着重要作用。例如中国机电产品进出口商会等行业协会会收集和整理关税政策信息,组织企业进行交流和研讨,共同应对关税政策变化带来的挑战。外贸企业应积极参与行业协会的活动,加强与其他会员企业的信息交流与合作。通过行业协会平台,可以及时了解行业内的最新动态和趋势,获取关于关税政策应对的集体经验和智慧。

---

[1] 驻日本国大使馆经济商务处. 国务院:同意在海南全岛和秦皇岛等15个城市(地区)设立跨境电子商务综合试验区,中华人民共和国商务部,https://jp.mofcom.gov.cn/jmxw/art/2025/art_8aec2ca317604a71948d15207145905e.html.

行业协会可以代表企业向政府部门表达合理的诉求，推动相关政策的调整和完善。例如行业协会可以就关税政策对本行业的影响进行调研和分析，向政府提交政策建议报告，呼吁出台更具针对性的扶持政策。企业可以积极配合行业协会开展相关工作，提供真实准确的业务数据和案例，为行业协会进行政策倡导提供有力支持。同时，通过行业协会的集体力量，可以提高企业在政策制定过程中的影响力和话语权。

政策游说

2018年1月，美国政府宣布对进口光伏产品征收保障性关税，税率首年为30%，并逐年递减。这一政策让光伏项目开发商们瞬间陷入了困境，许多项目被迫推迟甚至取消。但美国太阳能产业协会（SEIA）并未坐以待毙，而是迅速行动起来。SEIA联合了众多光伏企业，通过各种渠道向政府表达诉求。他们先是详细分析了关税政策对美国光伏产业的严重影响，指出这不仅会导致大量项目停滞，还会使数以万计的就业岗位化为泡影，甚至对美国清洁能源转型的战略目标也会产生严重的阻碍作用。同时，SEIA还积极向政府提供替代方案，强调通过其他政策手段来支持本土光伏产业的发展，而非简单地采取关税手段。在SEIA的积极推动下，2022年6月6日，美国白宫宣布对从柬埔寨、马来西亚、泰国和越南进口的太阳能电池板给予24个月的关税豁免。

（2）深度解读关税政策文件。

企业首先要明确关税政策的适用范围。对此，企业一般要重

第四章 关税战下的企业生存指南——关税战中的"避坑密码"

点关注"商品分类与编码分析"和"排除条款与豁免情况"两个方面。

美国关税政策通常会根据商品的分类和编码来确定适用的税率。例如在2018年7月6日美国对中国340亿美元商品加征25%关税的清单中,涉及的1102个独立的美国关税项目主要集中在航空航天、信息技术、汽车零件等高科技领域。企业需要了解商品的海关编码(HS Code)以及对应的美国关税分类标准。企业可以通过查阅美国海关和边境保护局(CBP)发布的商品分类指南,或者咨询专业的报关行和货代公司,来确认自身出口商品的准确分类和编码。同时,要关注美国对商品分类标准的调整情况,及时更新商品信息。

除商品分类与编码分析以外,美国关税政策中还可能存在一些排除条款和豁免情况。例如2018年7月6日美国公布"301条款中国关税豁免程序",允许美国进口商、终端客户、行业协会等利益相关方对特定产品申请豁免301特别关税。外贸企业要仔细研究这些排除条款和豁免条件,评估自身业务是否符合申请豁免的资格。如果符合条件,要及时准备相关材料并提交申请。同时,要跟踪豁免申请的进展和结果,以便及时调整业务策略。

美国海关和边境保护局在2025年4月8日,通过公布对进口商品征收互惠关税(即"对等关税")的指南,就2025年4月2日发布的第14257号行政命令所征收的进口商品附加关税提供进一步指导[①]。指南明确了83个国家的特定税率、豁免商

[①] CSMS # 64680374 - GUIDANCE – Reciprocal Tariffs, April 5 and April 9, 2025, Effective Dates,https://content.govdelivery.com/bulletins/gd/USDHSCBP-3daf1b6?wgt_ref=USDHSCBP_WIDGET_2.

品及例外情形，列举了近千种产品关税豁免清单，涉及6大类近1000种产品，包括能源产品、多种矿产、能源和制造业使用的化学品，以及钢铁、铝、铜等金属，覆盖了2024年全球约6440亿美元的进口额。

其次企业要关注关税政策的时间节点。美国关税政策的实施时间至关重要。企业需要明确关税政策的具体生效时间，以及是否存在过渡期安排。例如2018年9月18日美国宣布对2000亿美元中国商品加征关税，规定从2018年9月24日起加征10%的关税，并计划于2019年1月1日将税率上调至25%。

外贸企业应制定详细的时间表，跟踪关税政策的实施进度。对于已经签订的贸易合同，要根据关税实施时间评估可能面临的风险和成本变化。同时，外贸企业要合理安排生产和出货时间，尽量避免在关税大幅调整期间进行高风险的贸易活动。

此外，美国关税政策还可能会出现变更和追溯调整的情况。例如2020年1月15日中美第一阶段经贸协议签署后，美国对部分中国商品加征关税的政策进行了调整，包括降低部分商品的关税税率等。外贸企业要密切关注政策变更通知，及时了解关税政策的调整内容和追溯范围。对于已经缴纳的关税，要根据政策变更情况评估是否可以申请退税或调整关税缴纳方式。同时，对于未来的贸易订单要充分考虑政策变更的不确定性，预留一定的缓冲空间。

4.2.2 等待关税政策明朗

美国关税政策的发布往往引发一系列连锁反应，懂得在政策风云变幻中耐心等待其调整、趋于稳定，直至把握住最佳时机，无疑是至关重要的。

（1）关税政策的复杂性与不确定性。

外贸企业要明白，美国关税政策的制定过程总是带有一定的博弈性，其中既有利益群体的角逐，也有政治因素的干扰。

一方面，美国关税政策的制定过程往往涉及多个利益群体的博弈。例如在2018年美国宣布对钢铁和铝产品加征关税时，美国国内的钢铁和铝产业协会、工会组织等积极推动，认为这将保护本国产业免受外国低价产品的冲击。而依赖进口钢铁和铝的制造业企业，如汽车制造商、机械制造商等则强烈反对，因为这将增加其生产成本。这种利益冲突使得关税政策在制定和实施过程中充满了不确定性。

另一方面，美国关税政策往往受到政治因素的影响。特朗普政府时期的关税政策，除了经济考量外，还与政治目标密切相关。例如2018年美国对中国500亿美元商品加征关税，部分目的是在中期选举中展示政府对保护本土产业和工人利益的强硬态度。政治因素的介入使得关税政策的走向难以预测。

（2）美国关税政策实施的动态调整。

在美国关税政策正式发布之后，其后续发生调整的可能性极高。

一方面，美国关税政策会根据国内经济形势的变化进行调整。例如2019年5月，美国将2000亿美元中国商品的关税税率从10%提高到25%，但随后在2019年8月又宣布对部分商品的加征关税措施推迟至12月15日生效。这一调整主要是因为美国国内经济增长放缓，消费者和企业对关税的承受能力下降，政府不得不重新评估关税政策对经济的影响。

另一方面，关税政策是国际经贸谈判中的重要筹码，美国关税政策还可能因国际谈判的结果而发生改变。例如在2019年12月中美第一阶段经贸协议签署后，美国对部分中国商品加征关税的政策进行了调整，包括降低部分商品的关税税率等。

通常情况下，关税政策的变动，尤其是美国政府在相关政策上反复无常、出尔反尔的做法，会给企业带来极大的不确定性。例如2018年9月18日，美国政府宣布对原产于中国的5745项约2000亿美元商品加征10%的进口关税，并计划于2019年1月1日将加征关税税率上调至25%。然而，在2018年12月2日，美国白宫发表声明称，唐纳德·特朗普总统将对价值2000亿美元的产品保留10%的关税，而不是将关税提高到25%。这种政策的变化完全没有明确预兆，使得企业难以提前做好准备。

（3）避免盲目决策带来的风险。

优秀的企业懂得花费时间评估政策影响。关税政策的变化会对企业的成本产生多方面的影响，除了直接的关税成本增加外，还可能引发原材料价格波动、物流成本上升等一系列连锁反应。例如由于中美贸易关系的紧张，国际物流市场也可能受到影响，导致运费上涨。因此，在关税政策变化初期，企业可能会面临库存管理的困境。如果企业盲目地增加库存，而后续关税政策发生反转，如税率下调或豁免范围扩大，那么企业将承担不必要的库存成本。

同时，企业还需要时间来评估关税政策变化对市场需求的影响，不同市场对关税政策的反应是不同的。在关税政策不明确的情况下，企业制定价格策略也面临较大的风险。如果企业过早地将关税成本转嫁给客户，可能会导致订单减少；而如果企业未能及时将关税成本纳入价格考虑，又可能会影响自身的利润水平。

此外，对于是否继续在美国市场进行投资扩建，或者是否将投资转向其他国家和地区，这类具有长期性和不可逆性的投资决策，企业更需要谨慎评估项目的可行性和收益性。在关税政策变化频繁的时期，企业的投资方向如果缺乏对政策趋势的准确判断，可能会出现偏差。如果企业因美国对中国某一类商品加征关税而盲目投资于其他替代市场的生产设施建设，而后续美国又因贸易谈判等因素降低了对该类商品的关税，那么企业在这方面的投资可能会面临产能过剩、资源浪费等问题。当然，也有企业开始重新思考和调整业务模式，如从传统的出口业务模式转向跨境电商等新兴业务模式，涉及对市场需求、竞争环境、技术应用等多方面进行深入调研和分析，而这些都需要时间来完成。

（4）等待政策变化趋势的明朗化。

企业如何捕捉美国关税政策调整的迹象？以下是一些可能的建议。

一是政府官员的言论与信号。美国政府官员的言论往往是关税政策调整的先兆。例如 2020 年 1 月 5 日，美国贸易代表办公室（USTR）发布声明，确认继续对中国约2000亿美元商品加征25%的关税，并对约3000亿美元商品加征15%的关税。此前，时任美国贸易代表罗伯特·莱特希泽等官员曾多次在公开场合表示，美国将对中国的贸易政策采取强硬措施，这些言论为后续关税政策的实施提供了线索。

二是行业动态与市场预期。行业内的动态和市场预期也可以为企业提供政策调整的信号。例如当美国国内某一行业的企业普遍开始减少从中国的进口，或者寻求从其他国家采购原材料和零部件时，这可能预示着美国将对该行业相关商品的关税政策进行调整。企业可以通过关注行业协会报告、市场调研机构分析等，及时捕捉行业动态和市场预期。

对于关税政策周期应有一定的把握。

美国的关税政策往往与经济周期密切相关。在经济繁荣时期，美国政府可能更倾向于采取贸易保护主义政策，以保护本土产业的市场份额；而在经济衰退时期，政府可能会通过降低关税等方式来刺激经济增长。企业可以通过对美国经济周期的分析，预判关税政策的调整方向。例如2020年美国因新冠疫情陷入经济衰退，特朗普政府曾考虑降低部分商品的关税以缓解国内经济压力。

影响关税政策周期的另一重要因素是政治周期。在选举年，政府可能会为了争取选民支持而采取更激进的贸易政策。例如2020年是美国的总统选举年，特朗普政府在这一年对中国的关税政策进行了多次调整，包括对部分商品延长关税豁免期限等，以争取选民对政府经济政策的认可。

（5）等待期间企业可以做什么？

我们所倡导的学会等待，不等同于消极怠工、无所作为。相反，企业应充分利用这一特殊阶段开展内部优化与筹备工作。其中，优化供应链管理是至关重要的。在等待关税政策变化期间，企业可以加强与供应商的合作与沟通。例如通过与供应商协商延长付款期限、共享库存信息等方式，来降低企业的运营成本和风险。企业也可以利用这段时间寻找更多的供应商，实现供应链的多元化。例如当美国对中国商品加征关税时，企业可以寻找来自其他国家和地区的供应商，以降低对单一市场的依赖。

在这一阶段提升企业竞争力是关键。企业可以加大技术创新投入，提升产品的附加值和竞争力。例如在面对美国对中国高科技产品加征关税的情况下，中国企业可以加快技术自主创新的步伐，减少对国外技术的依赖，提高产品的性能和质量，从而在国际市场上赢得更多的份额。企业也可以利用等待时间为市场拓展做准备。例如通过参加国际展会、开展网络营销等方式，提高企业产品的知名度和美誉度。同时，加强与现有客户的沟通与合作，了解客户的需求和反馈，为客户提供更优质的产品和服务，增强客户黏性。

但对于那些难以在短时间内作出重大生产布局调整或供应链体系变革的中小外贸企业来说，在当下局势中，耐心等待政策变化以迎来可能出现的转机，无疑是明智也是唯一的应对之策。2025年4月，特朗普政府推出的"对等关税"政策，无论在实施力度还是覆盖范围上，都堪称史无前例。从涉及国别范围来看，该政策并非只针对中国，而是将触角延伸至东亚的日本、韩国，以及东南亚的越南、泰国、柬埔寨等众多国家和地区。从涵盖商品范围来讲，除药品、木材等538类特殊商品，以及符合《美墨加协定》的商品得以豁免外，其余商品几乎都被纳入征税范畴。

然而，转机很快降临。首先是越南等国获得了关税暂时豁免。2025年4月4日深夜，越共中央总书记苏林与唐纳德·特朗普通电话，越南成为所有遭受"对等关税"冲击的经济体中首个与美国展开对话的国家。此次通话为越南争取到了关税豁免的宝贵机会。从美国方面考量，对越南等国实施关税豁免，是其分化瓦解其他国家联合抵制关税政策的一种策略。而对于中国而言，这一局面似乎为其保留了一定开展转口贸易的空间。

接着是部分电子产品和零部件的关税豁免。在"对等关税"政策发布后不久，美国海关与边境保护局于4月11日晚低调修改税则。根据最新指南，智能手机和电脑将不受特朗普政府的"对等关税"政策影响。新的关税指南还包括对其他电子设备和零部件的豁免，包括半导体、太阳能电池、平板电视显示器、闪存驱动器、存储卡以及用于存储数据的固态硬盘等。豁免的产品适用于4月5日以后进入美国的电子产品，已经支付的"对等关税"可以寻求退款。豁免条款中没有明确从中国进口的相关商品是否仍受关税影响，但无疑反映出美国政府在关税政策上的重大松动。

在这之后的一个月，2025年5月12日，中美日内瓦经贸会谈联合声明发布，美国暂停加征24%的关税90天，仅保留10%关税，并取消了91%关税，此次和解相比唐纳德·特朗普第一任期要快上许多。可以说,此次关税政策所带来的负面影响在极短时间内被尽可能地削弱了。不过,这一积极成效并非源于企业自身的积极应对与努力,反而是那些秉持"无为而治"理念、未采取主动政策应对措施的企业,意外地节约了应对政策的成本与代价。

4.3 破阵：规则漏洞狙击，撕开关税铁幕的"缺口"

4.3.1 关税分类优化

税费金额的判定依据是什么？通常情况下，进口商或货运代理需要向进口国海关机构提供货物相关的各类信息。海关机构在获取这些信息后，会从货物类型、申报价值、原产国以及适用的贸易协定或关税表等多个维度进行综合评估，随后依据既定的准则和规定征收与之匹配的适当税费。在这一系列评估要素中，货物类型是首先需要明确的。而货物类型的准确界定，实际上依赖于海关编码。

HS Code，即协调制度编码（Harmonized System Code），是国际贸易领域中用于商品分类和编码的全球统一标准。该标准由世界海关组织（WCO）精心制定并负责管理，在全球贸易体系中占据着至关重要的地位。目前，HS Code 已被全球 200 多个国家和地区广泛采用，成为关税征收、贸易统计、原产地规则等国际贸易活动的核心依据。HS Code 每 5 年会进行一次修订，以适应不断变化的国际贸易形势，最新版本为 2022 版。

美国海关编码系统

美国海关编码系统（Harmonized Tariff Schedule of the United States，简称 HTSUS）是美国基于国际通用的协调制度（Harmonized System，简称 HS）开发和管理的，但进行了扩展和细化，以适应美国国内的贸易需求。HTS 编码是美国海关用于确定进口商品所需支付关税的依据，不同的编码对应不同的关税税率。该编码系统为美国的贸易统计提供了标准化的分类方式，帮助美国政府跟踪和分析贸易数据。HS code 与 HTSUS 的不同如表 4-2 所示。

表 4-2　HS Code 与 HTSUS 的不同

编码类型	HS Code	HTSUS（美国）
位数	6 位（国际通用）	10 位（HS+4 位扩展）
核心功能	全球贸易基础分类	关税征收与进口监管
扩展内容	无	税率、统计后缀

HTS 编码将商品按照章节、标题和副标题进行分类，其中章节是最高级别的分类，前两位数字表示商品的分类章节，如"03"表示鱼、甲壳动物等；标题是章节下的子分类，通常用于进一步细化商品的描述；副标题是美国独有的扩展，用于更详细的分类。HTS 编码前六位（国际通用部分）与国际 HS 编码一致，用于全球范围内的商品分类，涵盖了 21 大类、99 章、1242 个品目。后四位（美国扩展部分）为美国所特有，用于进一步细化商品分类，以满足其国内的贸易政策和统计需求，使得 HTS 编码总长度为十位数字。

如何查询 HTS 编码？企业可以通过访问美国国际贸易委员会官网①，打开网页后输入"HS Code"进行搜索，如图 4-1 所示，或直接输入商品关键词或前 6 位 HS 编码进行检索，获取完整的 10 位编码及对应税率。从左到右一般为搜索结果、税号类 / 章 / 品目 / 子目、本国子目、商品描述、数量单位和关税税率。如果不确定美国当地的税号，可以根据中国出口报关的税号先进行模糊查询，再根据商品描述进行精确匹配。

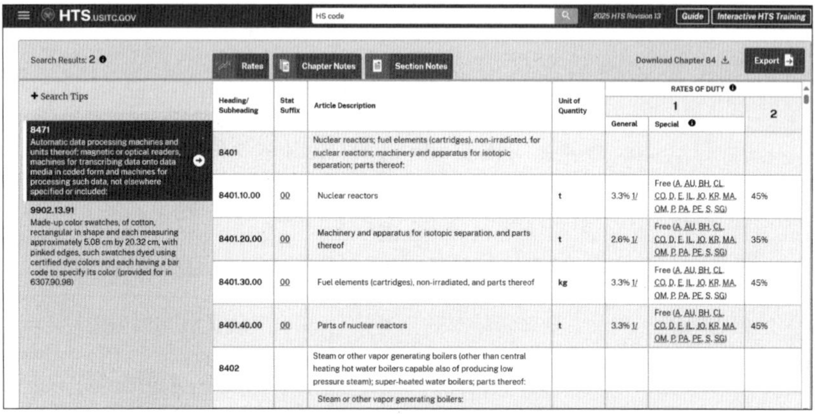

图 4-1　美国国际贸易委员会官网查询 HTS 编码

如何确定 HTS 编码？首先是了解产品特性，明确产品的功能、用途、材料等特性；接着，参考美国国际贸易委员会发布的法规和指南，利用美国国际贸易委员会官网的查询工具进行分类。在不确定如何分类时，可以寻求专业报关行、货代公司或律师事务所的建议。需要注意的是，进口商有责任确保 HTS 编码的准确性，错误分类可能导致罚款和处罚。同时，HTS 编

---

① https://hts.usitc.gov/.

码会根据国际贸易需求和技术发展进行定期更新和调整，因此需要定期关注和更新。其他国家的海关编码系统可能与美国HTS编码有所不同，出口时应使用目标国家的编码系统。

这里我们要讨论的是，企业如何借助关税分类优化策略，规避潜在的关税制裁风险。需要明确的是，我们讨论的关税分类优化完全处于合法税务筹划的范畴之内。事实上，部分企业一直将关税视为"无法避免的固定成本"而非"可战略管理的变量"，导致巨大的优化机会被忽视。并且时常有进口商品存在分类错误，从而导致过高税率，但进口国海关没有义务为企业纠正这类错误。特别是在全球贸易的激烈博弈中，关税分类优化已然成为企业应对关税制裁、削减贸易成本的有力武器。

所谓关税分类优化，是指企业通过细致入微的分类与巧妙灵活的调整，能够使产品获得更为优惠的关税待遇，进而有效降低贸易成本。其核心要义在于，企业依据商品的实际属性，如加工状态、用途、成分等，为其匹配更为精准、税率更低的税则号。这一策略绝非是对法规的钻营，而是基于对商品特性与关税规则的深度契合，是对国际贸易规则灵活且合理的运用。

（1）海关分类战略优化。

正如我们之前所说的，国际上商品分类错误现象并不少见。进口商品存在分类错误，往往导致企业承担过高的关税。

首先，企业应深入开展自查自纠，逐一审核产品的分类，揪出那些被误分类的商品，为它们纠正"身份"，从而降低关税成本。例如企业在出口足球时，根据HTS编码9506.62.40（充气球-

足球和足球），可以享受免税；而如果报告为9506.62.80（充气球-其他），则需要支付4.8%的进口税。企业应精准把握产品的核心属性，确保其归入正确的税号，从而享受应有的关税优惠。

其次，关税规则并非铁板一块，其中存在一些有利的分类原则和规则等待企业去挖掘。企业须深入研究这些规则，为自己的产品找到最有利的解释，让商品能够在规则的框架内享受更低的税率。另外，他山之石，可以攻玉。企业要积极研究类似产品的有利裁定，将其作为自己产品分类的参考范本。

例如无线电导航设备（GPS定位器接收装置），中国出口报关的税号为8526919090。企业通过查询HTS编码，可以找到对应的美国税号。若美国对类似产品加征关税，企业可以重新审视产品的功能和用途，看是否能将其归类到其他税号下。若该装置除了导航功能外，还具备较强的通信功能，企业可以尝试将其归类到与通信设备相关的税号，规避高额关税。

再如某电子设备制造商生产的智能手表，若被归类为"通信设备"，则需要承担较高关税。然而，企业通过合理分类，挖掘智能手表的核心功能——作为穿戴设备为用户提供更便捷的健康监测、运动辅助等服务，将其归入"穿戴设备"类别，关税税率则能显著降低。

（2）产品设计与规格优化。

企业还可以在产品设计初期就将关税因素纳入考量，让技术、成本和关税考量在产品设计过程中达到平衡。首先，材料是决定商品税率的关键因素之一。企业应评估产品中使用的各种材料，考虑用低税率材料替代高税率材料。但这并非简单的替换，而是在保证产品性能要求的前提下进行的优化选择。例如在蔗糖中添加超过 10% 的葡萄糖后，税号从高税率（50%）的 1701 变更为低税率（30%）的 1702，企业通过优化产品配方，在不违反法规的前提下，成功降低了产品税率。

其次，强化产品中那些能够获得较低税率的功能特性。通过突出产品的特定功能，使其更符合低税率商品的定义，从而实现关税的降低。某运动服装企业生产的功能性运动服装，原本被归类为普通服装，关税税率较高。企业通过优化产品设计，突出其特殊防护功能，成功将其重新归类为"特殊用途服装"，从而享受到更低的关税税率。某家电企业针对生产的智能音箱，通过调整产品功能和设计，强化其"音频设备"属性，而非简单把其归类为"家用电器"，成功享受到更低的关税。

此外，还可以对产品的组件进行策略性调整。可以考虑拆分高税率组件，使其单独申报，或将低税率组件进行整合，提升产品整体的税率优势。未加工的毛坯镜片归入税号 7014（关税 10%），而经研磨抛光的光学元件归入税号 9001（关税 0%）。因此，商品的加工状态也会影响其税率。企业若能通过进一步加工，提升产品价值，使其符合低税率商品的定义，就能有效降低关税成本。化妆品企业通过调整产品配方和包装，将原本属于高税率的"高档化妆品"重新归类为低税率的"普通护肤品"。食品企业则通过调整产品形态和包装，强调其作为"健康食品"而非"药品"的属性，降低了关税负担。

（3）**关税分类优化的注意事项**。

在进行关税分类优化时，企业须将合法合规作为首要原则，时刻警惕潜在风险。企业应建立严格且细致的内部审核机制，对产品的功能、用途、成分、加工状态等进行全方位剖析，确保所选税则号与商品实际属性精准匹配。在申报前，企业可邀请专业报关行、货代公司或律师事务所等第三方机构对分类结果进行复核与验证。一旦发现分类错误，企业应立即主动更正，并积极配合海关进行后续处理，避免因错误申报而缴纳罚款、滞纳金及遭受信誉损失。同时，关税法规并非静止不变，企业须密切关注各国关税政策的更新动态，及时收集、整理并解读最新法规。在进行关税分类优化时，企业应收集并妥善保存一切能证明商品属性与分类合理性的证据，包括但不限于产品的设计图纸、技术参数说明书、原材料采购合同及发票、生产工艺流程文件、质量检测报告等。

4.3.2 例外条款申请

关税的例外条款申请是国际贸易中一种重要的机制，它允许在特定情况下对一般关税政策进行豁免或调整。GATT 第 20 条允许成员国为了实施某些特定政策（如保护公共道德、人类健康、动植物生命或健康、自然资源等）而背离 GATT 的一般义务，即所谓的"一般例外条款"。例如，美国曾以保护海洋哺乳动物为由，依据第 20 条禁止进口墨西哥金枪鱼，但该措施因未满足"必要性"和"非歧视"原则而被判定不符合例外条件[1]。

---

[1] 国际经济法网. 葛壮志：论 GATT 第 20 条一般例外的解释与适用，WTO/FTA 咨询网. http://chinawto.mofcom.gov.cn/article/ap/tansuosikao/201508/20150801090031.shtml.

在加拿大诉美国弹簧部件案中，美国依据337条款颁布的普遍排除令被认定符合GATT第20条（d）款的例外条件，因为该措施是为了保护专利权。

GATT第21条允许成员国在涉及基本安全利益的情况下采取措施，如保护国家安全、防止欺诈行为、保护人类健康或安全等，即所谓的"安全例外条款"。例如WTO《技术性贸易壁垒协定（TBT）》第2条第2项也规定了"国家安全例外"，允许成员国在必要时限制贸易。2019年乌克兰诉俄罗斯过境运输措施案中，WTO争端解决机构首次明确对"安全例外"案件具有管辖权，并对"基本安全利益"等要件进行了审查[①]。

某些国家会针对特定商品或特定情况设定豁免条款。例如2025年4月2日，美国宣布终止从中国内地和中国香港进口的小额包裹实施免税待遇，但药品、医疗设备等特定商品仍可申请免税。2025年4月3日，白宫官网发布了一份长达22页的关税豁免清单，其中详细列出了近1000种商品[②]。

2025年4月3日白宫发布关税豁免清单

时间豁免情况

2025年4月5日前已在运输中的商品：对于在2025年4月5日上午12:01（东部夏令时）前已装载上船并在最终运输方式中处于运输状态的商品，即便这些商品是在2025年4月

[①] 中国贸易救济信息网. 如何理解WTO规则中的"安全例外"条款，福建省商务厅，https://swt.fujian.gov.cn/xxgk/ztzl/ydymcgzz/ajyd/202301/t20230111_6090908.htm.
[②] 美国《协调关税表》（HTSUS）第99章第Ⅲ子章的附件Ⅲ：https://link.zhihu.com/?target=https%3A//www.whitehouse.gov/wp-content/uploads/2025/04/Annex-III.pdf.

5日之后进入美国用于消费，或者从仓库提取用于消费，也可不适用新增税则号列9903.01.25的额外关税。

2025年4月9日前已在运输中的商品：除部分特定国家（如加拿大、墨西哥等）以及特定产品（如9903.01.28-9903.01.33所列产品等）外，对于在2025年4月9日上午12:01（东部夏令时）前已装载上船并在最终运输方式中处于运输状态的商品，在2025年4月9日之后进入美国用于消费或从仓库提取用于消费时，可不适用新增税则号列9903.01.43-9903.01.76的额外关税。

国家及地区相关豁免

加拿大和墨西哥：根据9903.01.26和9903.01.27的规定，对于加拿大的产品（包括根据《美墨加协定》免税进入美国的产品）以及墨西哥的产品（包括根据《美墨加协定》免税进入美国的产品），其所适用的任何待遇（包括《协调关税表》第98章第XXIII子章和第99章第XXII子章中规定的待遇），均不适用新增税则号列9903.01.25的额外关税。

美国通用条款3（b）中确定的国家：对于美国通用条款3（b）中确定的国家，其产品进口到美国时，在符合一定条件下，可不适用新增税则号列9903.01.25的额外关税。

商品性质及相关豁免

美国本土成分占比高的商品：如果进口商品的美国本土成分占海关价值至少20%，根据9903.01.34的规定，该部分美国本土成分可不适用新增税则号列9903.01.25、9903.01.35、9903.01.39以及9903.01.43-9903.01.76的额外关税。但须注意，对于此类商品，额外关税仅适用于商品中非美国本土成分的部分。

捐赠的人道主义物资：根据 9903.01.30 的规定，由受美国管辖的人捐赠的用于缓解人类痛苦的商品（如食品、衣物和药品等），在符合一定条件下，可不适用新增税则号列 9903.01.25 的额外关税。不过，如果总统认定此类捐赠会严重影响其应对任何根据美国法典第 19 编第 1701 节宣布的国家紧急状态的能力，或者捐赠是出于对拟议受赠人或捐赠人的胁迫，或者会危及从事敌对行动或处于明显即将参与敌对行动情况下的美国武装部队，则该豁免不适用。

特定信息材料：根据 9903.01.31 的规定，包括但不限于出版物、电影、海报、唱片、照片、微电影、微缩胶片、磁带、光盘、CD-ROM、艺术品和新闻电讯稿等信息材料，在符合一定条件下，可不适用新增税则号列 9903.01.25 的额外关税。

特定产品豁免

部分特定子目列明的产品：对于 9903.01.32 所列的钾肥、能源产品（包括原油、天然气、租赁凝析油、天然气液体、精炼石油产品、铀、煤炭、生物燃料、地热能、流动水的动能等）以及根据美国法典第 30 编第 1606(a)(3) 节定义的关键矿物，在符合一定条件下，可不适用新增税则号列 9903.01.25 的额外关税。

铁或钢及其制品：根据文件中（vi）和（vii）的规定，对于在 9903.81.87 和 9903.81.88 中列明的铁或钢产品，以及在 9903.81.89、9903.81.90、9903.81.91、9903.81.92 和

9903.81.93中列明的铁或钢衍生产品，在符合一定条件下，可不适用新增税则号列9903.01.25、9903.01.35、9903.01.39以及9903.01.43-9903.01.76的额外关税。

铝及其制品：根据文件中（viii）和（ix）的规定，对于在9903.85.02中列明的铝产品，以及在9903.85.04、9903.85.07、9903.85.08和9903.85.09中列明的铝衍生产品，在符合一定条件下，可不适用新增税则号列9903.01.25、9903.01.35、9903.01.39以及9903.01.43-9903.01.76的额外关税。

乘用车和轻型卡车及其零部件：根据文件中（x）和（xi）的规定，对于在9903.94.01和9903.94.03中列明的乘用车（轿车、运动型多用途车、交叉型多用途车、小型货车和货运车）和轻型卡车，以及在9903.94.05中列明的乘用车和轻型卡车的零部件，在符合一定条件下，可不适用新增税则号列9903.01.25、9903.01.35、9903.01.39以及9903.01.43-9903.01.76的额外关税。

如何申请关税例外条款？

第一步，准备申请材料。申请方须提供详细的申请理由，包括拟豁免商品的详细描述、豁免的必要性、符合相关例外条款的具体条款依据等。例如在申请人道主义物资豁免时，须明确物资的用途、运输方式及受益对象。对于涉及知识产权保护的豁免申请，须提供相关专利、商标或版权的证明文件。

第二步，提交申请。申请方须向相关国家的海关或贸易管理部门提交申请。例如在美国，申请方须通过海关系统提交豁免申请,并按照要求填写指定的税则号。在中国,涉及稀土出口的豁免申请须提供终端用户证明。

第三步,审核与批准。相关部门会对申请进行审核,评估其是否符合例外条款的适用条件。例如美国海关会检查申请商品是否符合豁免条款规定的条件,如是否属于人道主义物资。审核结果通常会以书面形式通知申请方,批准的豁免申请将获得相应的豁免证书或批准文件。

关于美国232条款豁免的申请,企业须登录相关政府网站[①],查找并下载豁免申请表。申请表须详尽填写企业信息、进口产品的全面描述(包括规格、型号、用途等)、进口数量、预计进口时间等内容,确保信息准确无误。阐述申请理由是申请的核心环节。企业须清晰、有力地说明豁免的必要性。例如可强调"该产品在美国市场缺乏替代品,仅能从中国进口以满足企业生产需求。若无法获得豁免,企业生产线将面临停工风险,损失将不可估量"或"加征关税导致企业成本大幅攀升,已严重威胁企业生存。若获豁免,企业将继续为美国创造就业机会,助力经济发展"。为增强申请理由的可信度,企业应附上相关证明材料,如产品质量检测报告,以证明产品符合相关标准;从其他渠道采购困难的证明,如与潜在供应商的沟通记录、市场调研报告等;关税对企业发展影响的评估报告,详细分析关税增加对企业财务状况、市场份额等方面的影响。

关于301条款豁免的申请,企业首先需要在申请表中准确填写产品的物理特性(如外观、尺寸、重量、材质等)、海关编码

[①] https://www.regulations.gov/.

等信息。以进口智能手表为例,应详细描述手表的外观特征、功能特点、尺寸规格等,海关编码务必填写准确,这是判定产品是否符合豁免条件的重要依据。其次是证明产品不可替代性。企业须充分说明产品仅能从中国进口的原因,可以说"经对市场上其他来源地的同类产品进行全面调研,发现它们在质量、性能、价格等方面均无法满足企业要求。中国生产的该产品,在工艺和原材料方面具有独特优势,无可替代"。最后就是强调经济损害。企业须深入阐述加征关税对企业和美国市场造成的负面影响。例如"自加征关税以来,企业进口成本显著增加,产品价格竞争力下降,市场份额持续萎缩。长此以往,企业将面临巨大经济压力,甚至可能被迫缩减生产规模,这将对美国市场的产品供应产生不利影响"。

301条款关税豁免申请核心流程

第一步,验证HTSUS商品分类(10位编码)。通过美国国际贸易委员会(USITC)官网核对商品的10位HTSUS编码,确保分类精准。错误分类将直接导致豁免申请被拒。若进口商品为"电动自行车电机"(HTSUS8501.31.4000),须确认其是否属于豁免清单对应的子目。

第二步,确定商品豁免资格。查询《联邦公报》发布的豁免通知,确认产品是否符合以下两类豁免:①HTSUS级别豁免,仅需要分类正确即可适用。②特定产品豁免,须满足USTR描述的技术规格或用途要求(如"仅限医用级聚乙烯材料")。

第三步,获取豁免代码(8位HTSUS第99章代码)。每

第四章 关税战下的企业生存指南——关税战中的"避坑密码"

项豁免对应唯一的 8 位豁免代码（如 9903.88.67），需要与 10 位 HTSUS 编码共同申报。若豁免通知指定"HTSUS 8501.31.4000 适用 9903.88.15"，则报关时需要同时填写两项代码。

第四步，追溯历史报关的退税机会。报关后 300 天内可提交修正申请。清算后 180 天内可提出复议（须提供完整证明材料）。建议企业筛选过去 3 年进口数据，利用自动化工具识别未申报豁免的报关记录，优先处理高关税批次。

第五步，准备豁免资格证明文件。必备材料清单包括产品技术规格书（含成分、加工工艺）、原产地证明（证明非中国原产或符合"实质性改变"规则）、用途声明（如医用设备须提供医院采购合同）。注意通过区块链或电子存证系统备份文件，应对 CBP 突击审查。

企业利用例外条款申请时需要注意什么？

首先，企业应全面梳理产品情况，评估是否符合豁免条件。例如产品是否具有独特性，在美国市场是否难以找到替代品。企业须像专业分析师一样，对产品的各项信息进行细致研究，挖掘豁免申请的潜力。

其次，密切关注政策动态。企业应持续关注美国政府发布的相关信息，如同密切关注天气变化以做好应对准备。企业可定期访问美国贸易代表办公室（USTR）、美国商务部等部门的官方网站，及时了解豁免申请的最新政策、流程调整等信息。

同时，关注行业协会发布的资讯，行业协会通常会对复杂政策进行解读和简化，便于企业理解和操作。

此外，在必要的情况下，企业可委托专业的法律和关务咨询机构提供服务。这些机构熟悉美国的贸易法规和豁免申请流程，能够为企业提供专业的指导和服务，有效提高豁免申请的成功率。

总体而言，例外条款申请是企业在全球贸易中降低关税成本、提升竞争力的有力工具。企业应充分认识其重要性，积极掌握并合理运用这一策略，以在国际贸易中占据有利地位，实现可持续发展。

4.4 | 奇袭：
越南、墨西哥成了"规避高额关税的天堂"

近年来，美国持续加码对华关税政策，对中国外贸企业形成巨大压力。转口贸易作为一种合规的国际贸易策略，成为企业规避高额关税、维持国际竞争力的重要手段。然而，转口贸易涉及复杂的法律、供应链和成本管理问题，需要系统性规划。我们将从可行性评估、中转国选择、操作流程、合规管理、风险防控等维度，为企业提供可落地的行动指南。

4.4.1 第三国转口贸易

什么是转口贸易？转口贸易是指商品生产国与商品消费国之间，通过第三国进行的贸易活动。在这种贸易模式下，商品并非直接从生产国运往消费国，而是先运往第三国（即中转国），在中转国经过一定的加工、包装、仓储或其他处理后，再从第三国运往最终消费国。转口贸易通常涉及多个国家的海关、物流、仓储和贸易政策。

转口贸易的实施通常涉及生产国、中转国和消费国三类国家。商品在中转国可能经过简单的加工、包装、贴标或其他增值处理。通过在中转国的处理，商品的原产地可能从生产国变更为中转国。转口贸易的目的可能是规避高额关税，或是利用中转国的贸易政策优势满足特定市场的准入要求等。

企业在什么情况下可以考虑实施转口贸易？我们的建议是，企业至少应该考虑以下三个方面。

一是对自身成本效益的分析。企业需要对比直接出口美国面临的高额关税与转口贸易产生的额外费用，如运输、中转装卸、仓储、加工以及可能的原材料采购等成本，综合评估哪种方式更具成本优势。一般来说，对于高附加值或关税税率大幅提高的产品，转口贸易的节税效果更明显。

二是分析市场需求与竞争。企业需要考察中转国及美国市场的需求情况和竞争态势，确保产品在中转国加工后仍具有市场竞争力，且不会因转口贸易影响产品在美国市场的销售和客户关系。

三是中转国的选择与评估。企业应优先选择与中国有自贸协定、与美国关税友好、基础设施完善、劳动力成本低、政策稳定且无贸易摩擦的国家或地区，如马来西亚、印度尼西亚、越南、新加坡等东南亚国家。企业还需要考虑中转国的产业配套能力是否能够满足产品的加工需求。

如何有效开展转口贸易？

第一步，路径规划与合作伙伴选择。企业根据产品特点、中转国的优势等确定具体的转口路径。在中转国寻找可靠的合作伙伴，包括加工厂、仓库、物流企业、报关代理等，确保转口贸易的各个环节顺利进行。企业可参考当地商会推荐、行业展会、网络平台等多种渠道寻找合作伙伴，并对其资质、信誉、实力等进行充分调查和评估。

主流中转国对比分析

越南：供应链潜力股

越南的供应链优势在于其日益完善的集群，涵盖电子、纺织等领域。电子产业的发展得益于其充足的劳动力资源以及不断引进的先进制造技术，从基础的电子元件生产到组装环节逐步形成规模，为电子产品中转提供坚实的制造支撑。纺织行业同样因劳动力密集型优势以及政府对产业升级的推动，在全球供应链中占有一席之地，众多国际服装品牌在此设立生产基地，完善的产业链使得原材料从采购、加工到成品出运高效衔接，适配电子产品和纺织品的中转需求。

税收方面，企业所得税10%~20%的优惠幅度具有吸引力，尤其是对于劳动密集型企业，在降低运营成本上效果明显。不过，区域价值成分要求增值达60%以上，这在一定程度上增加了企业中转操作的复杂性，须精心规划供应链以满足原产地追溯审查，确保货物符合关税减免等政策要求。注册层面虽无强制注册资本要求，但企业在应对原产地追溯时，要花费额外精力收集三级供应商溯源文件，这对于供应链管理的透明度和合规性提出较高要求，同时转口贸易还须满足HS编码前四位变更及增值要求，这限制了部分纯贸易型中转业务的灵活性。

马来西亚：政策灵活的保税中转站

马来西亚依托其自贸区灵活的政策，巴生港保税仓成为货物中转的亮点。保税仓储功能使货物在未完税状态下进行短期存储、分拣、包装等简单加工处理，极大便利了电子设备、家具、纤维产品等货物的中转操作。美西航线的高效性更是为中转至北美市场的货物节省了运输时间与成本，契合欧美消费市场对产品快速供应的需求。原产地证易申请的优势，有助于企业享受相关贸易协定下的关税优惠，增强产品在国际市场的价格竞争力。但其注册资本要求对一些小型初创企业或小型贸易商构成一定门槛，且须经过BOI（马来西亚投资发展局）审批，审批流程可能涉及对投资项目可行性、产业契合度等多方面考量，延长了企业落地开展中转业务的时间周期。

新加坡：高端中转枢纽

新加坡凭借与美国FTA（自由贸易协定）实现关税的优惠政策，在高附加值商品中转领域表现出色。精密仪器、医药、高端消费品等行业企业，通过新加坡中转可大幅降低关税成本，提升利润空间。低税率环境也为企业积累资金、拓展业务提供有力支持，吸引众多跨国公司在此设立区域中转中心与运营总部。其文件合规性强的特点，意味着企业在进行贸易操作时，须严格遵循当地详尽且规范的贸易、税务、金融等文件要求，从货物报关单据到贸易合同审核等环节都要精准无误，这虽对企业内部管理水平要求极高，但也保障了贸易流程的规范性与可追溯性，有利于在国际贸易纠纷中维护企业合法权益。注册资本1新币起的低门槛，看似易于注册，但需ACRA（新加坡会计与企业发展局）审批，重点审查企业经营范围、股东背景、业务规划等方面，确保企业合法合规运营，避免成为不法交易的渠道。

中国香港：低税便捷的试水区

中国香港作为国际金融、贸易中心，其低税率是显著优势，利得税 8.25% 使得中小卖家在试水中转业务时，资金负担相对较轻，尤其适合中小规模的快消品贸易，能快速回笼资金并适应市场变化。它的物流体系高度发达，拥有世界级港口与航空枢纽，货物能够实现快速高效流转，无论是从内地工厂出货还是转运至全球各地市场，都能保证运输的时效性和稳定性。中国香港无须实缴资本的注册政策，极大降低了企业初创阶段的资金压力，吸引众多创业者和小型贸易团队入驻，但注册资本 1 万港元的规定，也在一定程度上筛选出有基本资金实力和经营意图的企业，避免过多皮包公司扰乱市场秩序。同时，在注册过程中须委托代理注册，这要求企业选择可靠的代理机构，保障注册流程顺利以及后续运营的合规性。

墨西哥：北美门户伴挑战

墨西哥毗邻美国的地理优势，使其成为北美市场重要的中转门户，尤其对美国市场依赖度高的家电、汽车零部件等产品。保税仓换包装成本低，能有效降低货物进入美国市场前的准备工作成本，如针对美国不同销售区域的包装调整等。然而，当地 16% 增值税新政的实施，给企业带来了一定的税务压力和合规挑战，企业需重新评估成本结构，调整定价策略，并加强税务申报与管理流程，以应对政策变化带来的不确定性。

迪拜：免税物流明珠

迪拜自贸区免税政策极具吸引力，50 年免企业所得税的长期优惠政策，为高端消费品、电子产品、能源产品等高利润商品的中转贸易提供了超强利润空间。杰贝阿里港作为全球物流枢纽，其优越的地理位置连接亚欧非三大洲市场，先进的港口设施与高效的物流服务，确保货物能够大规模、快速度地进出中转。但原产地证要求40%本地增值，对企业在迪拜本地的生产加工环节提出要求，须合理配置本地生产要素，提升本地增值比例以满足政策享受条件。注册资本5万迪拉姆起，以及须经济部工业许可证和能源部增值证明等注册流程，表明迪拜在引入企业中转业务时，注重企业对本地产业和经济的实际贡献，保障自贸区的健康发展与可持续发展。

主流中转国对比如表4-3所示。

表4-3 主流中转国对比

中转国	核心优势	适用品类	注册成本与流程难点
越南	供应链集群完善（电子、纺织）、税收优惠（企业所得税10%~20%）、区域价值成分要求（增值达60%以上）	电子产品、纺织品、家具	注册资本无强制要求，但需要应对原产地追溯审查（如三级供应商溯源文件）；转口须满足HS编码前四位变更及增值要求
马来西亚	自贸区政策灵活（巴生港保税仓）、美西航线高效、原产地证易申请	电子设备、家具、纤维产品	注册资本高，需BOI审批
新加坡	与美国FTA关税低、企业所得税低、文件合规性强	精密仪器、医药、高端消费品	注册资本1新币起，ACRA审批

续表

中转国	核心优势	适用品类	注册成本与流程难点
中国香港	税率低（利得税8.25%）、物流便捷、无须实缴资本	中小卖家试水、快消品	注册资本1万港元，须委托代理注册
墨西哥	毗邻美国、保税仓换包装成本低	家电、汽车零部件	需要应对当地16%增值税新政
迪拜	自贸区免税政策（50年免企业所得税）、全球物流枢纽（杰贝阿里港）、原产地证需40%本地增值	高端消费品、电子产品、能源产品	注册资本5万迪拉姆起，需要经济部工业许可证及能源部增值证明

第二步，原材料采购与生产安排。若在中转国进行深度加工，须提前规划原材料的采购渠道，可选择从中转国当地采购部分原材料，或继续从中国采购原材料后运至中转国，根据订单需求和中转国的生产加工能力，合理安排生产计划，确保产品能够按时、按质、按量完成生产。

第三步，一程运输。将货物从中国出口运输至中转国，运输方式可根据货物的性质、数量、紧急程度等因素选择海运、空运、陆运等。在运输过程中，要注意货物的包装、仓储和运输保险等事项，确保货物安全抵达中转国。

第四步，中转处理。在中转国的保税区或指定仓库进行换柜操作，将货物从原来的集装箱转移到新的集装箱或其他运输工具中，同时根据需要对货物进行重新包装、贴标等处理，使其符合中转国的出口要求和美国的进口标准。接着，根据产品特性和美国海关对"实质性转化"的认定标准，对货物进行必要的加工或组装等增值操作，如对家具进行简单的组装、对电子产品进行最后的调试等，以确保产品在中转国发生"实质性转化"，从而获得中转国的原产地证书。文件准备上，由中转国的合作方协助准备完善的出口文件，包括原产地证明、商业发票、装箱单、提单等，这些文件是证明产品原产地的关键依据，须确保其真实、准确、完整。

第五步，二程运输。将经过中转处理后的货物从中转国运输至美国，在运输前要提前与美国的进口商或其指定的报关代理沟通，确保美国方面能够顺利清关。同时，要选择合适的运输方式和物流合作伙伴，保证货物按时、安全地交付给美国客户。

企业实施转口贸易的风险与收益并存，要做好风险评估，包括政策风险、物流风险、合规风险等。

关于政策风险，企业既要密切关注中转国的贸易政策、税收政策等变化，如中转国与美国之间的贸易关系出现变化，或中转国调整对转口贸易的相关规定等，都可能导致转口贸易受阻，也要持续关注美国的政策动态，如美国加强对转口贸易的审查和监管，扩大对中转国的贸易限制或提高关税等。

物流风险主要涉及运输延误、仓储管理不善等问题。由于转口贸易涉及多次运输和中转，可能会受到天气、港口拥堵、物流运输故障等因素的影响，导致货物运输延误。同时，如果中转国的仓库管理不善，可能会出现货物丢失、损坏、受潮等问题。企业要选择信誉良好、管理规范的物流供应商和仓储服务提供商，并加强沟通与协调，定期盘点和检查货物。

关于合规风险，在转口贸易中，个别企业可能会为了获取中转国的原产地证书而进行虚假申报或伪造文件，这种行为一旦被发现，将面临严重的法律后果。同时，在向中转国和美国海关申报货物信息时，如品名、规格、价值、数量等申报不准确，可能会导致海关产生质疑甚至进行调查。企业必须严格遵守各国相关法律法规，确保相关材料和海关申报的真实性、合法性、准确性。

长远来看，企业开展转口贸易的"最终形态"是实现供应链优化与协同。一是建立全球供应链网络，即将转口贸易纳入企业的全球供应链战略中，与中转国的供应商、生产商、物流商等建立长期稳定的合作关系，形成一个高效协同的全球供应链网络，实现资源的优化配置和成本降低。同时，企业要加强内部各部门之间以及与合作伙伴之间的信息共享与沟通，建立完善的信息管理系统，实时跟踪货物的运输、加工、仓储等信息，提高供应链的透明度和可控性，及时发现和解决供应链中出现的问题。此外，根据转口贸易的特点和市场需求，企业要合理调整库存管理策略，优化库存布局，减少库存积压和周转时间，降低库存成本。企业可以在中转国设立区域仓库，实现货物的快速分拨和配送，提高供应链的响应速度。

4.4.2 原产地规则调整

或许部分人士仍对转口贸易操作的合规性心存疑虑。客观上，转口贸易本身是一种合法的国际贸易方式，但其合规性取决于企业在操作过程中是否遵守了相关国家的法律法规和国际规则，如关税政策、海关申报、贸易政策、国际惯例以及原产地规则等。其中，原产地规则是判定转口贸易是否合规的关键核心要素，对转口贸易的合规性起着决定性作用。

原产地规则是指按照一定的标准和方法，确定货物原产地或原产资格而制定并普遍实施的特定条款，其来源包括国际组织、优惠贸易协定、国内立法等。

（1）常见的原产地标准。

1）完全获得或生产标准。

货物完全在一个国家（地区）获得或生产，不含有其他国家（地区）的原材料或零部件。例如在一国生长、收获的植物，捕获的活动物、水产品，开采的矿产品，由该国船只从海里获取的海产品等，其原产地为该国。

2）实质性改变标准。

当产品经过多国加工时，"最后实质性改变"发生的国家为原产国。通常有以下几种判定方法。

①税则归类改变（CTH），判断加工后产品在《商品名称及编码协调制度（HSCode）》中的前几位编码是否发生变化。

②增值百分比（RVC），判断加工后的增值部分是否达到一定比例。

③加工工序标准，判断具体产品的制造步骤是否符合特定国家的加工要求，或者特定产品的关键工序在原产地完成。

对企业实施转口贸易而言，原产地规则关系着关税成本。如果转口贸易中的货物在转口国经过加工、增值等工序产生了实质性改变，转口国可成为该商品的原产地，那么货物在出口到第三国时，可能享受转口国与第三国之间的优惠关税待遇或正常的关税税率。反之，若未发生实质性改变，货物原产地仍被认定为原出口国，可能会面临较高的关税壁垒。

原产地规则也决定企业能否规避贸易限制措施。一些国家会通过设置特定的贸易限制措施，如配额、反倾销和反补贴等，对特定国家的某些产品进行限制。原产地规则决定了转口贸易中的商品是否还能被认定为受限国家的产品，进而影响企业能否通过转口贸易规避这些限制措施。

显然，原产地规则增加了企业贸易合规成本。企业需要投入更多的人力、物力和财力去了解和研究不同国家的原产地规则，对商品的生产、加工过程进行严格管理，保存完整的供应链证明文件等。原产地规则的不同适用情况也将影响企业在不同国家和地区的市场准入机会，进而影响企业的战略布局。如果转口国的原产地规则较为宽松，企业可能更倾向于选择在该国进行转口贸易，以获取更有利的市场准入条件和关税待遇；相反，如果转口国的原产地规则严格，企业可能需要重新评估其转口贸易的可行性，甚至调整生产布局和销售渠道。

（2）区域贸易协定原产地规则演进。

1）规则内容的不断丰富与细化。

大型区域贸易协定的原产地规则框架逐渐趋同，均涵盖了一般性条款和产品特定规则。其中，一般性规则包括制度性规则和程序性规则，如累积原则、微量原则、吸收原则等，这些规则的设计越来越注重实用性和可操作性。产品特定规则的设定不断细化，从早期主要依据税则归类标准，逐渐发展到结合区域价值含量标准、加工工序标准等多种标准的综合判定。例如在北美自由贸易协定（NAFTA）中，对汽车产品的原产地规则就涉及严格的区域成分含量要求；而在美墨加协定（USMCA）中，进一步提高了汽车产品的区域成分含量标准，并加入了劳动价值含量等新的要素。

2）区域贸易协定原产地规则的标准化与协调化。

随着国际贸易的发展，原产地规则逐渐受到国际标准的影响，如《京都公约》试图建立统一的原产地规则，为后续的原产地规则设定了最初的指导原则。世界贸易组织（WTO）框架下的《原产地规则协定》也对非优惠原产地规则进行了协调，其标准被认为同样适用于优惠原产地规则。不同区域贸易协定之间的原产地规则协调性逐渐增强。例如，RCEP 的签署对于提升东亚地区原产地规则的协调和统一意义重大，其原产地执行标准有望成为亚太地区的通行规则，从而降低贸易成本，促进区域内贸易自由化。

3）对技术进步的促进与适应。

原产地规则通过影响企业的生产布局和投资决策，间接促进了技术创新。为了满足原产地规则的要求，企业可能会加大研发投入，提高产品的技术含量，以获得更优惠的关税待遇和市场准入条件。随着全球价值链的发展，原产地规则也在不断适应新的生产组织形式。例如 RCEP 中的原产地规则创新设计了背对背原产地证书机制，为区域内离岸贸易和海外仓的发展提供了便利，有助于企业更好地整合全球价值链资源。

4）从贸易保护向贸易促进的转变。

早期的区域贸易协定原产地规则在一定程度上具有贸易保

护的属性，如 NAFTA 对汽车和纺织品等特定产品的严格原产地规定，旨在保护区域内产业，限制外部竞争。现代的大型区域贸易协定更注重通过原产地规则促进区域内贸易和投资的增长。例如 USMCA 在提高汽车产品原产地标准的同时，也为相关产业的调整和升级提供了缓冲期，体现了从贸易保护向贸易促进的转变。

5）程序性规则的简化与便利化。

越来越多的区域贸易协定采用自我认证等简化后的原产地证明程序，降低了企业的认证成本和时间成本。例如 RCEP 中的原产地证明程序得到了一定程度的简化，允许企业自主签发原产地证明，在文件保存、核查等程序性规则方面也呈现出简化和便利化趋势，以适应贸易数字化的发展需求，进一步降低企业的合规成本。

6）对环境和社会因素的考量增加。

一些区域贸易协定开始在原产地规则中引入环境标准，要求产品在生产过程中符合一定的环保要求，以促进可持续发展。USMCA 中对汽车产品的原产地标准还加入了劳动价值含量的要求，体现了对劳工权益的保护，也反映了社会因素在原产地规则中的考量逐渐增加。

7）与知识产权等其他规则的融合。

原产地规则与知识产权保护规则的融合趋势明显，通过加强对知识产权的保护，提高产品的附加值和技术含量，从而增强区域内产业的竞争力。

（3）主要区域贸易协定原产地规则。

1）原产地标准是确定产品原产地的核心依据，不同协定在这方面的规定差异显著。

RCEP的原产地标准相对灵活，主要以区域价值成分（RVC）40%为主，同时企业也可选择完全获得或制造（CTC）/工序标准来证明原产地资格。这种灵活性赋予了企业更多的选择空间，使其能够根据自身的生产模式和供应链布局选择最有利的判定标准。

USMCA的原产地标准则较为严格，尤其是在汽车领域，要求RVC达到75%，并引入了劳务价值成分（LVC）等细化要求。这一严格标准旨在促进北美地区汽车产业的本地化生产，减少对外部地区的依赖，同时也反映了美国对特定产业保护的意图。

CPTPP的原产地标准以CTC为主，RVC作为辅助手段。这种以完全获得或制造为核心的判定方式强调产品生产过程的完整性和本地性，相对而言对产品的原材料来源和生产环节的要求更为严格，旨在确保享受协定优惠的产品具有较高的本地价值含量。

中国-东盟FTA的原产地标准较为单一，主要采用RVC40%的标准。这一简单明确的标准有助于降低企业理解和操作的复杂性，促进了双方贸易的便利化和自由化，在推动区域经济合作的初期阶段发挥了积极作用。

欧日EPA则强调完全累积和高透明度的原产地标准。完全累积规则允许欧日双方的产品在对方区域内进行加工和增值时，仍被视为原产地产品，这有助于加强双方的产业合作和贸易往来，促进资源的优化配置和产业链的深度融合。

2）累积规则是指在确定产品原产地时，允许将多个成员国的原材料或零部件价值进行累积计算，从而更容易满足原产地标准。

RCEP 的累积规则目前为区域不完全累积，但其目标是逐步过渡到完全累积。这种渐进式的累积规则设计既考虑了区域经济一体化的长远目标，也兼顾了当前区域内各国产业发展水平和贸易结构的差异。

USMCA 则实现了北美三国完全累积，即美国、墨西哥和加拿大之间的原材料和零部件可以在区域内自由累积，这进一步加强了北美地区的产业协同效应，形成了相对独立和紧密的区域产业链，提升了区域整体的产业竞争力。

CPTPP 的累积规则为区域完全累积，覆盖了其 11 个成员国。这一全面的累积规则有助于扩大区域内贸易和投资的规模，促进各成员国之间产业的互补与合作，推动区域经济一体化向更高层次发展。

相比之下，中国－东盟 FTA 仅实行双边累积，即中国与东盟国家之间可以相互累积对方的原材料和零部件价值。这种双边累积规则虽然在一定程度上促进了双方的贸易往来，但在累积范围和效果上相对有限，不过对于中国与东盟之间的产业合作仍具有重要的积极意义。

欧日 EPA 同样实行完全累积规则，这使得欧盟和日本之间的贸易往来更加紧密，双方企业可以充分利用对方的资源和产业优势，降低生产成本，提高产品的市场竞争力，进一步深化欧日之间的经济伙伴关系。

3）原产地证明是企业享受协定优惠待遇的重要凭证，不同协定在证明的主体和形式上有所不同。

RCEP 实行自主声明和背对背证明相结合的方式，这提高了原产地证明的灵活性和便利性，降低了企业的运营成本，同时也体现了协定对企业的信任和尊重，增强了企业的自主性和责任感。

USMCA 允许出口商、进口商或生产商进行声明，这种多元化的证明主体为企业提供了更多的选择和便利，但在实际操作中也可能需要企业具备更高的合规意识和管理水平，以确保声明的真实性和准确性。

CPTPP 的原产地证明由出口商、进口商或生产商声明，赋予了企业较大的自主权，同时也对企业的诚信和自律提出了更高的要求。这种证明方式有助于简化手续，加快货物的通关速度，提高贸易效率。

中国－东盟 FTA 采用传统的证书形式作为原产地证明，这种传统的证明方式相对更为严谨和规范，能够有效确保原产地证明的准确性和权威性，但在办理程序复杂度和时间成本上可能相对较高，给企业带来一定的负担。

欧日 EPA 的经核准出口商可以进行声明，这种经核准的证明方式在保证证明可靠性的同时，也为企业提供了一定的便利。经核准出口商通常具有较高的信誉度和合规水平，其声明更易于被海关接受，从而能够快速享受协定优惠。

4）不同协定在行业针对性方面的规定，反映了各协定签订方的产业特点和发展需求。

RCEP 的原产地规则通用性较强，没有对特定行业设置特殊限制，这有利于涵盖更多的产业领域，促进区域内各产业的均衡发展和广泛合作。

USMCA 则在汽车和纺织业等特定行业进行了规则细化，尤其是汽车产业，通过提高 RVC 要求和引入 LVC 等特殊规定，旨在推动北美汽车产业的本地化生产和升级，增强该区域在全球汽车产业中的竞争力，同时也反映了美国对本土汽车产业保护和扶持的意图。

CPTPP 针对汽车、电子等高科技产业制定了特殊规则，这体现了协定对新兴产业和高科技领域的重视，希望通过优化原产地规则来促进这些产业在区域内的发展和布局，提升区域整体的科技水平和产业竞争力。

中国－东盟 FTA 在行业针对性方面相对较少涉及，主要采用统一的原产地标准适用于各行业。这种通用性规则有助于简化操作，但在一定程度上可能无法充分满足某些特定行业的特殊需求，如农产品等。

欧日 EPA 对农产品和工业品实行分类管理，根据不同产品的特点和产业需求制定了不同的原产地规则。这种分类管理方式能够更精准地适应各行业的实际情况，促进农产品和工业品在欧日之间的贸易流通，同时也反映了欧日双方在农业和工业领域的产业差异和互补性。

5）各协定为促进贸易便利化采取了一系列措施。

RCEP建立了电子平台，方便企业提交和查询原产地证明等相关信息，并设立了微小含量条款，允许产品中一定比例的非原产材料免于满足原产地要求，这为企业的生产和贸易提供了更大的灵活性，降低了企业的合规成本。

USMCA则实行严格核查程序，虽然这有助于确保原产地证明的真实性和准确性，防止滥用协定优惠，但也可能给企业带来一定的负担和风险，尤其是在面对复杂的核查程序时，企业需要投入更多的人力、物力和时间来应对，这在一定程度上可能会影响贸易的便利性和效率。

CPTPP推出了智能审核和自助打印等便利措施，通过利用现代信息技术提高原产地证明的审核效率和准确性，同时自助打印方式也为企业提供了更便捷的获取证明的途径，减少了企业的等待时间和办理手续，体现了协定对贸易便利化的高度重视，提高了贸易的数字化和智能化水平。

中国-东盟FTA目前的便利措施相对较少，主要依赖传统的证书办理和审核方式。随着双方贸易规模的不断扩大和电子商务等新兴贸易模式的兴起，未来可能需要进一步加强便利措施的建设，以适应新的贸易发展需求，提高贸易效率和竞争力。

欧日EPA强调海关合作与信息共享，通过双方海关之间的紧密合作和信息交流，能够更有效地实施原产地规则，简化通关手续，减少贸易摩擦和不确定性，同时也为双方的企业提供了更加稳定和可预测的贸易环境，促进了贸易的顺畅进行。

6）过渡期和例外条款是各协定在实施过程中为照顾不同成员国的特殊情况而设置的重要内容。

RCEP 为缅甸等最不发达国家设立了过渡期，这体现了协定对发展中国家的特殊和差别待遇原则，给予了这些国家更多的时间来适应协定的规则和要求，促进其经济发展和产业提升。

USMCA 对于汽车规则实行分阶段实施，计划用 37 年的时间逐步过渡。这种长期的过渡安排旨在让相关企业和产业有足够的时间进行调整和适应，减少政策变化对产业的冲击，同时也反映了汽车产业的复杂性和重要性，以及协定在推动产业变革方面的渐进性和可持续性。

CPTPP 为发展中国家设定了较为宽松的微量条款，允许这些国家的产品在一定比例内含有非原产材料而不影响其原产地资格。这一规定充分考虑了发展中国家的产业现状和生产能力，降低了这些国家的企业享受协定优惠的门槛，有助于推动发展中国家积极参与区域经济合作，提升其在全球产业链中的地位。

中国 – 东盟 FTA 在过渡期和例外条款方面相对较少涉及，但随着双方经济合作的不断深化和一些新情况的出现，未来可能需要进一步研究和制定相应的过渡安排和例外条款，以应对不同的贸易挑战和需求。

欧日 EPA 目前没有明确的过渡期和例外条款规定，这可能反映了欧日双方在经济发展水平和产业竞争力方面的较高一致性，但也可能导致在某些特殊情况下，如突发的经济危机或自然灾害等，对部分企业的适应能力提出更高的要求。

各协定原产地规则异同分析如表 4-4 所示。

表4-4 各协定原产地规则异同分析

要素	RCEP	USMCA	CPTPP	中国－东盟FTA	欧日EPA
原产地标准	灵活（RVC40%为主，可选CTC/工序）	严格（汽车RVC75%、LVC要求）	严格（CTC为主，RVC辅助）	单一（RVC40%）	完全累积，高透明度
累积规则	区域不完全累积→目标完全累积	北美三国完全累积	区域完全累积	仅双边累积	欧盟日本完全累积
原产地证明	自主声明+背对背证明	出口商/进口商声明	进口商/出口商/生产商声明	传统证书	经核准出口商声明
行业针对性	通用，无特殊行业限制	汽车、纺织业规则细化	汽车、电子等高科技产业	无	农产品、工业品分类管理
便利措施	电子平台、微小含量条款	严格核查程序	智能审核、自助打印	无	海关合作与信息共享
过渡期/例外条款	缅甸等最不发达国家享有过渡期	汽车规则分阶段实施（37年）	发展中国家微量条款宽松	无	敏感农产品特殊安排

（4）各区域贸易协定原产地规则对转口贸易的友善程度。

各区域贸易协定的原产地规则对转口贸易的友善程度各有不同。企业在实施转口贸易时，需要深入理解协定规则，合理规划供应链布局，加强内部管理，确保合规，并充分利用便利措施提高效率。

1）RCEP的友善程度较高。

RCEP的原产地规则相对灵活，主要以区域价值成分（RVC）40%为主，同时允许选择完全获得或制造（CTC）/工序标准，为转口贸易提供了更多的操作空间。此外,RCEP的累积规则虽目前为区域不完全累积,但目标是逐步过渡到完全累积,这使得企业可以更容易地满足原产地要求。RCEP还引入了自主声明和背对背证明,降低了企业的运营成本,提高了贸易便利性。灵活的原产地标准和逐步推进的累积规则,使得RCEP对转口贸易较为友善,尤其适合在区域内多个国家布局供应链的企业。

2)USMCA的友善程度中等。

USMCA的原产地规则较为严格,特别是汽车领域,要求区域价值成分(RVC)达到75%,并引入了劳务价值成分(LVC)等细化要求。严格的规则虽然促进了北美地区汽车产业的本地化生产,但对转口贸易的灵活性有一定限制。不过,USMCA实现了北美三国的完全累积,这在一定程度上促进了区域内贸易的便利化。严格的原产地标准和完全累积规则,使得USMCA对转口贸易的友善程度中等,适合在北美地区有较强本地化生产和供应链布局的企业。

3)CPTPP的友善程度较高。

CPTPP的原产地规则以完全获得或制造(CTC)为主,区域价值成分(RVC)为辅,强调产品的本地生产过程。CPTPP的累积规则为区域完全累积,覆盖了其11个成员国,这使得企业能够更灵活地利用区域内的资源和供应链。此外,CPTPP的原产地证明由出口商、进口商或生产商声明,赋予了企业较大的自主权,提高了贸易效率。严格的原产地标准和全面的累积规则,使得CPTPP对转口贸易较为友善,尤其适合在高科技产业和新兴产业领域有布局的企业。

4）中国 – 东盟 FTA 的友善程度只能算中等。

中国 – 东盟 FTA 的原产地规则较为单一，主要采用区域价值成分（RVC）40% 的标准。这种简单的标准有助于降低企业理解和操作的复杂性，但缺乏灵活性。此外，中国 – 东盟 FTA 仅实行双边累积，限制了区域内其他国家资源的利用。不过，中国 – 东盟 FTA 的原产地证明采用传统的证书形式，虽然办理程序较为严谨，但能够有效确保原产地证明的准确性和权威性。单一的原产地标准和双边累积规则，使得中国 – 东盟 FTA 对转口贸易的友善程度达到中等，适合在双边贸易中有稳定供应链布局的企业。

5）欧日 EPA 的友善程度较高。

欧日 EPA 的原产地规则强调完全累积和高透明度，允许欧盟和日本之间的原材料和零部件在对方区域内进行加工和增值时仍被视为原产地产品。这种完全累积规则促进了双方的产业合作和贸易往来。此外，欧日 EPA 的原产地证明由经核准的出口商声明，提高了证明的可靠性和便利性。欧日 EPA 还强调海关合作与信息共享，进一步简化了通关手续，提高了贸易效率。完全累积规则和高效的海关合作，使得欧日 EPA 对转口贸易较为友善，尤其适合在农产品和工业品领域有布局的企业。

4.4.3　关税反规避制度

宏观上看，美国等多数国家对转口贸易秉持着较为消极的态度。美国于 2025 年 4 月推行的对等关税政策，不仅针对中国，

第四章 关税战下的企业生存指南——关税战中的"避坑密码"

更是将矛头同时指向日本、韩国、越南、马来西亚等东亚与东南亚国家，其核心意图在于全方位封堵转口贸易路径，以扼制通过转口贸易实现规避关税的现象。在应对策略上，各国除对原产地规则进行持续完善与灵活调整外，还应综合运用多种手段，多管齐下以打击转口贸易对关税制度的规避行为。目前，欧美等发达经济体已构建起系统性的关税反规避制度体系，通过精细化的规则设计、严格的监管执行以及高效的协同机制，对转口贸易中的违规操作形成有力威慑与约束。

关税反规避制度是指一国为了应对贸易救济措施下的关税规避行为而建立的一种制度，自然也涉及对企业通过转口贸易等方式规避关税行为的监管和约束。对实施转口贸易的企业来说，关税反规避制度意味合规风险增加、违规成本上升、贸易政策的不确定性增加、供应链管理复杂性提高以及竞争环境的变化。

美国的关税反规避制度

美国的关税反规避制度主要依据《执行与保护法（EAPA）》以及美国联邦法规19CFR165.1—165.7条的程序性规定。截至2024年11月19日，美国海关和边境保护局（CBP）共发起299起关税反规避调查，其中涉及关税规避转运国案件数量前5名的国家分别是马来西亚、泰国、越南、墨西哥和印度，而美国关税反规避调查被控产品的最初来源国中，中国位居首位。

从产品与行业上看，2008—2023年，CBP发起的关税反规避调查所涉及产品前3名分别为贱金属及其制品、纺织品、化工产品，主要针对的行业前3名依次是化工行业、传统制造业、纺织业。从规避行为上看，所涉及的关税规避行为按照数量排序依次为第三国转口贸易、对产品进行虚假描述或分类、拒不缴纳反倾销税和反补贴税、申报错误的反倾销税和反补贴税税率。

EAPA调查以CBP为主导，美国商务部（DOC）提供咨询和技术支持。调查流程包括CBP在收到调查申请后的15个工作日内启动调查（信息保密），90个工作日内作出初裁并对外公布开始实施临时措施，300个工作日内作出终裁（可延期60天）。

欧盟的关税反规避制度

欧盟的关税反规避制度主要依据《关于抵制来自非共同体成员国的进口产品倾销的第384/96号条例》第13条。2019年12月12日至2025年2月11日，欧盟委员会共作出69起关税反规避调查终裁，其中涉及关税规避案件数量前5名的国家分别是中国、印度尼西亚、美国、印度、俄罗斯。

从产品与行业来看，2019—2024年欧盟委员会发起的关税反规避调查所涉及产品前3名分别为贱金属及其制品、电动汽车、化工产品，对我国发起反规避调查所针对的主要行业前3名依次是电动汽车制造业、化工行业、钢铁行业。从规避行为来看，按照数量排序依次为第三国转口贸易、对产品进行虚假描述或分类、拒不缴纳反倾销税和反补贴税、申报错误的反倾销税和反补贴税税率。

第四章 关税战下的企业生存指南——关税战中的"避坑密码"

欧盟企业可自主提出反规避调查申请，欧盟委员会在征求咨询委员会意见后开始调查。调查流程包括计算反倾销措施实施 1 年后，产品在欧盟境内的平均销售价是否充分变动，以此判断是否存在关税反规避行为，并定期向社会公布相关反规避调查的案例。调查时间一般在利益相关方的调查申请提交 6 个月内完成。

对于实施转口贸易的企业来说，关税反规避制度的建立和实施意味着需要更加谨慎和合规地进行业务操作。

（1）确保合规经营。

企业应详细了解转口贸易目的地国家和地区的关税政策、贸易法规以及相关的反规避制度和措施，确保自身的业务操作符合当地法律要求，避免因违反规定而导致的处罚和损失。准确理解和遵循原产地规则是转口贸易的关键。企业要确保货物在第三国的加工或处理符合相关标准，能够合法地改变货物原产地属性，并保留好相关的证明文件，如原产地证书、加工证明等，以备海关等部门的查验。企业要建立健全的贸易文件管理体系，确保所有与转口贸易相关的合同、发票、提单、报关单等文件真实、准确、完整，并且与实际交易情况一致。这些文件不仅是企业合规经营的重要证明，也有助于在面临调查时能够迅速提供有力证据。

（2）加强内部管理和风险控制。

定期对自身的转口贸易业务进行风险评估，识别可能存在的关税规避风险点，如原产地申报的准确性、产品分类的正确性、贸易定价的合理性等，并采取相应的风险控制措施加以防范和应对。加强对员工的法律培训，使其充分了解关税反规避制度及相关法律法规，增强员工的法律意识和合规意识，确保在业务操作过程中自觉遵守相关规定，避免因员工的违规行为给企业带来风险。企业要建立严格的内部审核制度，对每一批转口贸易货物的原产地、产品信息、贸易文件等进行仔细审核，确保其符合相关要求。同时，企业要对业务流程进行定期审查和优化，及时发现和纠正潜在的问题。

（3）积极应对调查和合作。

如果企业被海关等部门启动关税反规避调查，应积极配合调查工作，及时提供所需的资料和信息，如实回答调查人员的问题，避免因不配合调查而被视为存在违规行为，从而加重处罚结果。在面临调查或存在潜在法律风险时，企业应及时寻求专业的法律顾问或律师事务所的帮助，以便获得准确的法律意见和有效的应对策略，维护自身的合法权益。加强与行业协会和政府机构的联系与沟通，及时了解政策动态和行业发展趋势，获取相关的指导和支持。同时，积极参与行业协会组织的培训和交流活动，分享经验，共同应对关税反规避制度带来的挑战。

（4）持续关注政策动态和市场变化。

企业要密切关注各国关税政策、贸易协定以及关税反规避制度的调整和变化，及时调整自身的业务策略和操作流程，以适应新的政策环境。企业要研究市场动态和行业趋势，提前预判可能的贸易风险和机会，合理规划转口贸易的业务布局和产品结构，降低因市场变化带来的不确定性影响。企业要与供应商、客户、物流提供商等供应链伙伴保持密切合作，共同应对关税反规避制度带来的挑战。企业与供应链伙伴通过建立长期稳定的合作关系，加强信息共享和协同配合，提高整个供应链的合规性和竞争力。

4.5 突围：破解关税壁垒，发掘潜在新兴市场

在国际贸易形势复杂多变的当下，企业难免心生疑惑，尤其是资金与渠道资源相对有限的中小外贸企业，或许会迫切发问：除传统转口贸易模式外，是否存在其他可行的替代方案？答案是肯定的。接下来，我们首要介绍的一种替代路径便是建立海外仓。海外仓作为一种创新的物流与贸易模式，能够帮助企业优化供应链管理，提升客户响应速度，降低物流成本，锁定关税成本，为拓展海外市场提供有力支撑。若从战略层面考量，企业还可逐步调整市场布局，放弃对美国市场的过度依赖。在此过程中，存在两条切实可行的路径：其一为市场多元化，即企业积极开拓除美国以外的其他国际市场，分散经营风险，挖掘新的增长点；其二为出口转内销，企业将业务重心转向国内市场，利用自身在国际市场积累的经验与优势，满足国内消费者日益多样化的需求，实现业务的可持续发展。

4.5.1 建立海外仓

什么是海外仓？海外仓是跨境电商企业在海外目标市场预先建设或租赁的仓储设施，用于存储商品并实现本地化配送，其核

第四章 关税战下的企业生存指南——关税战中的"避坑密码"

心功能包括货物中转、库存管理、快速响应订单及退换货处理，能够缩短物流时间、降低运输成本。

关于"建立海外仓是否可以规避关税"，我们要指出的是，海外仓的设立并不具备直接减免关税的功能，关税的征收是基于商品的原产地、价值以及相关贸易协定等法定要素，海外仓无法改变这些基本事实。然而，从企业运营与成本管理的角度出发，海外仓通过其独特的运营模式，能够在一定程度上间接降低关税成本。

通过海外仓模式，企业可将商品批量运输至目标国，相较于多次小批量直邮，可能享受更低的关税税率。海外仓支持集中清关和批量运输，货物在进入海外仓所在国时以"一般贸易"形式统一报关。如将货物从中国总仓发往美国海外仓，再从美国海外仓发往德国海外仓，最后送到消费者手中，相比直邮小包，其关税成本大幅降低，海关对商品价值的认定比例也显著降低。同时，海外仓商品在目标国境内完成销售，避免跨境直邮时可能产生的双重征税问题。此外，部分国家间的税收协定可减免进口关税，企业通过合规申报可降低税负。企业通过将货物暂存于自由贸易区，如荷兰鹿特丹港，重新包装或贴标后再转运至美国，实现推迟关税缴纳时间并降低税率。

海外仓更大的作用是锁定关税成本，规避政策风险。企业提前将货物批量运输至海外仓，货物入仓后关税成本即锁定，可避免政策突变带来的额外负担。如美国自2025年4月5日起对中国部分商品加征54%的关税，许多企业选择在关税生效前将货物运往海外仓，以锁定4月5日前的10%基准税率。同时，海外仓可作为关税缓冲器，企业能根据关税政策动态调整库存结构。如关税上调时，优先清关高利润商品，保留滞销品在海外仓；政策松动时，加速释放库存。此外，企业可按商品原价的50%～70%申报，或利用海外仓进行二次申报，避免因价格虚高触发高额关税或查验风险。同时，根据不同国家的关税政策和商品特性，制定合理的申报策略。

在一定情况下，采用海外仓模式可以享受退税政策，降低关税负担。通过海外仓出口可享受"离境即退税"政策，加速资金回笼，降低关税成本压力。如中国的税务总局自2025年1月起对9810模式实行"离境即退税"，货物报关离境后，企业即可凭报关单申请出口退税，无须等待销售完成。

相比转口贸易，海外仓模式的物流效率高，大幅缩短本地配送运输时间，提升消费者体验，且本地仓储支持快速处理售后问题，退换货便利，降低逆向物流成本，通过批量运输和本地销售，还可以减少多次中转的关税累积。当然，海外仓模式也有其不足之处。海外仓初期投资大，建设或租赁需要较高固定成本，且需要承担库存风险。并且海外仓运营复杂度高，需要熟悉目标国税收、法律及市场环境，合规管理难度大。在库存积压时调整策略较慢，而转口贸易更依赖灵活的中转节点。

企业如何建立海外仓？第一步，选址优化：基于成本（建仓、运输、税费）、市场需求和物流网络，采用多目标规划模型确定最佳选址；第二步，两阶段规划：划分配送范围，确保每个区位设一个海外仓，设计跨区位批量转运方案，降低规模化运输成本；第三步，合作伙伴选择：与本地物流服务商或电商平台合作，利用其仓储资源。

企业建立海外仓需要注意什么？首先当然是税务合规。企业需要准确申报进口货物价值，避免低报引发的处罚风险，熟悉目标国增值税、所得税政策，及时完成税务登记。然后要注意潜在的法律风险，确保海外仓公司不被认定为境内税收居民企业（如实际管理机构在境内），以及遵守目标国劳动法、环保法等本地法规。在运营管理上，要注重优化库存周转率，避免滞销风险，可以采用智能化系统监控物流动态，提升清关效率。最后，企业要密切关注目标国贸易壁垒、关税政策变动，提前制定应对策略。

4.5.2　市场多元化

截至 2024 年，美国仍在中国对外贸易格局中占据重要地位，是中国货物出口的第一大目的地国以及进口的第二大来源国。数据显示，2024 年中国对美国出口额占当年中国出口总额的 14.7%，自美国进口额占当年中国进口总额的 6.3%[1]。由此可见，中国在一定程度上仍对美国市场存在依赖。然而，当前贸易形势正悄然发生转变。一方面，新兴市场需求呈现强劲增长态势，为中国外贸企业开辟了新的市场空间；另一方面，中国出口产品结构正经历深刻变革，产品附加值和竞争力不断提升，我们在产品质量把控、生产效率提升以及产业配套完善等方面具备综

---

[1] 新华网. 关于中美经贸关系若干问题的中方立场, 人民网, http://world.people.com.cn/n1/2025/0409/c1002-40456478.html.

合优势。中国政府积极作为，出台了一系列支持政策，鼓励外贸企业拓展多元化市场。可以说，中国逐步摆脱对美国市场的依赖并非遥不可及。

摆脱美国市场依赖的可行性

近年来，中国外贸企业对美国市场的依赖程度正在逐渐降低。从出口市场份额来看，中国出口市场正在从单一依赖美国市场转向多元化市场布局，如中国企业积极开拓东盟、欧洲、拉丁美洲以及共建"一带一路"国家等市场，新兴市场采购商在广交会等平台上的占比显著提升，印证了中国外贸"去单一化"的趋势[1]。

与此同时，新兴市场的需求增长为中国外贸企业提供了广阔的空间。以东南亚为例，该地区经济发展迅速，人口众多，消费潜力巨大。中国外贸企业通过在越南等东南亚国家建立生产基地和销售团队，既利用了当地的劳动力成本优势和优惠政策，又将产品销售到东南亚其他国家，扩大了市场份额。此外，南美洲和非洲等新兴市场也在不断释放潜力，中国外贸企业在这些地区的业务拓展有助于进一步降低对美国市场的依赖。

此外，中国出口产品的结构正在发生深刻变化，从传统的劳动密集型产品为主，转向资本与技术密集型产品为主导。2024年年底，中国出口产品中高达90%为装备类和电

---

[1] 陈澄.深化多元化市场布局 中国制造网推动外贸企业"精准出海"，证券时报网，https://stcn.com/article/dtail/1671547.html.

第四章　关税战下的企业生存指南——关税战中的"避坑密码"

子类产品，服装等传统产品占比大幅下降，智能手机和汽车的年出口量显著增长，以新能源汽车、锂电池、光伏产品为代表的高技术产品成为新的增长引擎。这种产品结构的优化提升了中国出口产品的竞争力，使其在国际市场上更具吸引力，能够更好地满足不同国家和地区的需求，从而推动中国外贸企业开拓更多非美市场。

中国外贸企业在产品质量、生产效率、产业配套等方面具有综合优势，这也使得它们在面对美国市场波动时，能够凭借自身实力稳固其他市场。例如尽管美国对中国产品加征关税，但许多美国消费者对中国制造的依赖依然存在，多个中国电商平台App在美国的下载量节节攀升。此外，一些中国企业通过加强原创设计、提升产品技术含量和附加值，进一步提高了产品的竞争力，使其在国际市场上更具吸引力。

最后，中国政府出台了一系列政策支持外贸企业拓展多元化市场，如金融监管总局推出外贸企业融资协调机制，可为企业争取"一企一策"精准支持[1]。同时，广交会等平台为外贸企业提供了与全球采购商交流合作的机会，第137届广交会吸引了来自215个国家和地区的超20万名境外采购商预注册，其中新兴市场采购商占比显著提升，为中国外贸企业开拓非美市场创造了有利条件。

---

[1] 人民日报. 深化支持小微企业融资协调工作机制, 中国政府网, https://www.gov.cn/lianbo/bumen/202505/content_7023494.htm.

市场多元化是指企业通过开发和销售不同种类的产品或服务，进入多个不同的市场领域，包括不同地区、不同行业、不同客户群体等，以减少对单一市场的依赖，分散经营风险，并寻找新的增长机会。

从市场范围角度看，企业不再局限于某一特定的地域市场，而是将业务拓展至国内多个地区市场或国际上的多个海外市场。

从产品与市场关联看，可分为相关多元化和无关多元化。相关多元化是指企业进入与现有产品或服务相关的市场，利用现有资源和能力，实现经济规模和范围优势，如生产电视机的企业进入家庭影院系统市场。无关多元化则是企业进入与现有产品或服务无关的市场，须开发新的能力和资源，目的是寻找新的增长机会和降低对现有市场的依赖，比如汽车制造商进入食品行业。

从市场层次角度讲，企业不仅要开拓新的地理区域市场，还可以向产业链的上下游市场延伸，实现垂直多元化，或者拓展同层次的不同细分市场，实现水平多元化。

对于外贸企业而言，市场多元化可以降低对单一市场的依赖，分散关税风险。当企业过度依赖某一特定海外市场时（如美国），一旦该国对中国产品加征高额关税，企业出口业务将遭受重创。而通过市场多元化，将产品销售到多个国家和地区，即使某一市场实施关税制裁，企业也还有其他市场可以依赖，从而降低损失。同时，全球不同国家和地区的贸易政策和关税水平存在差异。实施市场多元化战略，可帮助外贸企业发现那些对于自身产品关税较低甚至免税的市场，将产品销售到这些地区，避开高关税壁垒。

当企业拥有多个销售渠道和市场时，在与采购商谈判时就更有底气和筹码。如果某一市场采购商因关税问题要求降价或减少订单，企业可以凭借其他市场的订单支撑，拒绝不合理要求，维护自身利益，避免因过度依赖单一市场而处于被动接受的地位。此外，不同市场的消费者需求和标准各异，为了满足多元化市场需求，企业需要不断进行产品创新和升级，提高产品质量和附加值。这有助于企业提升自身的核心竞争力，在面对关税制裁等外部压力时，能够以高品质、高附加值的产品开拓新市场、巩固老市场，实现可持续发展。

中国先进制造业出口市场多元化发展情况

2008—2019年，我国先进制造业出口市场多元化趋势仍然较弱。我国先进制造业出口市场较分散，覆盖亚、欧、美洲和大洋洲大部分地区。2008年主要伙伴国为日本、印度、荷兰、德国，2019年美国和墨西哥成为北美主要贸易伙伴。整体呈现以部分相邻国家和发达国家为主，有逐步向周边区域扩散的趋势，但出口金额分布不均衡。2008—2016年，我国先进制造业企业出口正在向经济水平较低的国家转移，但这一趋势并不明显，只在部分国家间出现。不过，随着时间推移，这种趋势会越发明显，进入新市场的企业数量会越来越多，在经济体量较小的国家中，少数企业具有垄断优势的现象也会减少。

我国先进制造业企业出口存在明显区域偏好。2008—2016年，我国先进制造业企业出口金额从271亿美元增长到

486亿美元，呈现逐年增长趋势，但对非洲和大洋洲的出口增幅较小。从大洲角度看，我国的出口重心未发生明显变化，亚洲占比最高，其次为美洲和欧洲。从细分区域看，对北美自由贸易区出口金额增加，但整体比例没有明显波动，我国出口存在明显的区域依赖，对亚洲、欧洲和北美洲出口密集，尤其是对日本和韩国，而对中美洲、南美洲、非洲和大洋洲占总体出口比例极低。

贸易争端倒逼中国出口市场多元化

美国对中国实施500亿美元加税清单后，中国出口美500亿清单货物市场多元化格局发生了一定变化。从清单货物对美出口额变化来看，清单实施前，中国对美清单货物出口额波动上涨，2018年第三季度达峰值141.31亿美元。清单实施后，出口额剧烈下滑，2020年第一季度跌至最低点67.34亿美元，与峰值相比跌幅52.35%，此后虽有回升，但仍低于加税前水平。

关于中国对外出口额变化，清单货物方面，2016-2018年第三季度，中国清单货物对外出口额平稳增长，2018年第三季度达1067.16亿美元。清单实施后，出口额震荡，2020年第一季度降至883.48亿美元，但2020年第四季度突破此前最高纪录，逐渐摆脱加税影响。总货物方面，加税后，中国对外总货物出口额震荡，但总体维持原趋势，2020年下半年超越加税前纪录。美加税对中国对外出口影响较小，未造成明显冲击。

关于出口市场分散程度变化，清单货物方面，2016—

2018年第三季度，中国清单货物出口分散程度呈下跌趋势，市场趋于集中。清单实施后，企业开拓其他市场，出口分散程度提高，市场多元化程度加深。总货物方面，中国总出口贸易出口分散程度在出口多元化战略推进下快速提升。2018年第三季度后，出口分散程度逐步攀升，可以说，中美贸易争端推动了中国出口市场多元化战略发展。

关于出口市场分布变化，清单实施后，中国清单货物出口市场出现东移趋势，分布更加分散。2016年清单货物出口市场平均中心位于沙特阿拉伯，市场分布横向且向心力明显，范围较小。2019年和2020年，平均中心向伊朗移动，市场分布横向性减弱、离散度提高。2016—2020年，中国清单货物前十大出口市场为中国香港、美国、韩国、日本、中国台湾、新加坡、越南、印度、德国、马来西亚。加税后，中国企业增加对韩国、中国台湾、越南、马来西亚、荷兰、巴拿马、沙特阿拉伯、挪威、柬埔寨等市场的出口，并新增部分市场，出口市场多元化程度显著提高。

美国对中国实施500亿美元加税清单后，中国清单货物对美出口额显著下降，但中国对外出口总额仅出现小幅震荡，未受明显冲击。清单实施推动中国企业开拓其他市场，出口市场分散程度和多元化程度提高，逐渐向欧洲、亚洲和非洲转移，贸易转移效应和贸易创造效应显著。2018年中美贸易争端，促使中国加快出口市场多元化战略布局，优化出口市场结构，降低对美市场的依赖程度，提升应对贸易摩擦和风险的能力。

（1）企业如何进行市场多元化？

1）市场调研与分析。

对目标市场的经济状况、政治环境、法律法规、文化习俗、消费习惯、市场竞争状况等进行全面调研。例如不同国家的宗教信仰和文化背景会影响消费者对产品颜色、图案、功能等方面的偏好；不同地区的经济发展水平决定了消费者的购买能力和对产品价格的敏感度。同时，分析目标市场的增长趋势、市场规模、需求潜力以及可能面临的风险，如汇率波动、贸易壁垒、政治不稳定，筛选出具有较高潜力且风险可控的市场作为多元化目标。

2）优化产品策略。

根据不同市场的需求特点，对产品进行适应性调整和改进，包括产品的功能、规格、包装、外观设计等方面。比如针对欧美市场消费者对产品质量和安全标准的高要求，企业需要提升产品相关性能；对于非洲一些基础设施相对薄弱的地区，产品则需要具备更强的耐用性和适应性。同时，开发新的产品线，满足不同市场不同客户群体的需求。企业可以根据自身的技术实力和资源优势，向相关或不相关的领域拓展产品，以扩大市场份额。

3）拓展销售渠道。

借助跨境电商平台等线上渠道，突破地域限制，将产品推向全球市场。跨境电商平台为中小企业提供了便捷的出口渠道，降低了进入国际市场的门槛和成本。企业可以通过优化店铺页面、开展网络营销活动等方式，提高产品在平台上的曝光率和销售量。同时，积极参加各类国际展会、贸易博览会等活动，展示企业的产品和服务，与来自不同国家的采购商、经销商面对面交流，建立合作关系，拓展销售渠道。此外，在目标市场建立自己的分支机构、办事处或仓库，或者寻找当地的代理商、经销商，构建本地化的销售网络。这有助于企业更好地了解当地市场动态，及时响应客户需求、提供售后服务、提高客户满意度和忠诚度。

4）加强品牌建设。

根据不同目标市场的特点和消费者需求，进行品牌定位。制定品牌传播策略，通过广告投放、社交媒体营销、公关活动等多种方式，在不同市场提升品牌知名度和美誉度，树立良好的品牌形象。例如一些中国家电企业通过在欧洲赞助体育赛事、投放地铁广告等方式，提高了品牌在当地的知名度和影响力。将当地的文化元素、价值观等融入品牌理念和产品设计中，增强品牌与消费者之间的情感共鸣。同时，在品牌建设和传播过程中，注重与当地文化的融合，使品牌更容易被目标市场的消费者接受。

5）合作与战略联盟。

与目标市场的当地企业建立合作关系，如合资建厂、技术合作、联合营销。通过合作，可以借助当地企业的市场渠道、资源和人脉，快速进入当地市场，同时降低投资风险。例如中国汽车企业与东南亚企业合作，在当地建立生产基地，实现本地化生产销售，既规避了关税壁垒，又拓展了市场份额。同时，与上下游企业或其他相关行业的企业形成战略联盟，实现资源共享、优势互补。比如与供应商建立长期稳定的合作关系，确保原材料供应的稳定性和成本优势；与物流企业合作，优化物流配送方案，提高配送效率和降低物流成本。

（2）企业进行市场多元化应注意什么？

1）资源分配与能力匹配。

市场多元化需要企业在人力、物力、财力等方面进行投入。企业要根据自身实力和各目标市场的重要程度、潜力大小，合理分配资源，避免资源过度分散导致各市场都无法有效开拓。对于重点市场或增长潜力大的市场，可以适当倾斜资源，集中优势力量进行突破。企业需要充分评估自身在技术研发、生产制造、市场营销、售后服务等方面的能力，确保能够满足多元化市场的需求。如果企业现有的能力无法支撑市场多元化的战略实施，就需要提前进行能力提升和资源积累。

2）文化差异与本地化运营。

不同国家和地区的文化背景、风俗习惯、商业惯例等存在较大差异。企业在进入新市场时，必须尊重当地文化，避免因文化冲突而影响市场开拓。例如在一些宗教信仰浓厚的国家，企业的产品设计、广告宣传等都要符合当地的宗教禁忌。企业从产品研发、生产、销售到售后服务，都要尽可能实现本地化。企业要招聘当地员工，组建本地化团队，更好地理解和满足当地市场需求；建立本地化的供应链体系，降低采购和物流成本；提供符合当地语言、习惯和标准的售后服务，提高客户满意度。

3）市场进入模式与风险控制。

企业可以采用出口、许可证贸易、特许经营、合资企业、独资企业等多种模式进入目标市场。不同的进入模式适应不同的市场环境和企业战略，企业需要根据自身情况和目标市场的特点，选择最合适的进入模式。例如对于市场风险较大或自身资源有限的市场，可以先采用出口或许可证贸易等方式进行试探性进入，待市场成熟后再考虑建立独资或合资企业。市场多元化过程中，企业面临各种风险，如政治风险、汇率风险、贸易壁垒风险、市场竞争风险。企业需要建立健全的风险预警和控制体系，对风险进行实时监测和评估，提前制定应对措施。例如企业通过购买出口信用保险来降低政治风险和买家违约风险；运用金融工具如远期外汇合约、外汇期权来对冲汇率风险。

4) 品牌管理与协调。

在多元化的市场中，企业要保持品牌核心价值和形象的一致性，确保消费者在不同市场对品牌有统一的认知。企业要避免因品牌形象的混乱而导致消费者混淆和品牌价值的稀释。由于不同市场的品牌策略和定位可能存在差异，企业需要加强品牌管理的协调和整合。企业要建立全球品牌管理团队或机构，统一制定品牌战略和管理规范，同时根据不同市场特点进行灵活调整和实施。

5) 持续关注市场动态与政策变化。

市场环境和消费者需求是不断变化的，企业要持续关注目标市场的动态，及时调整市场策略；实时关注行业发展趋势、新技术应用、竞争对手动态等，以便能够迅速抓住市场机会，应对挑战。国际贸易政策、法律法规等经常会发生变化，企业要密切关注目标市场的政策法规动态，确保企业的经营活动合法合规。如关税政策调整、贸易壁垒的变化、环保标准的提高，都会对企业的市场多元化战略产生影响，企业需要及时做出相应的措施。

4.5.3 出口转内销

出口转内销是指外贸企业因国际关系变化、国家政策变更、贸易政策障碍以及产品纠纷等因素影响，将原本计划出口的产品转向国内销售的行为。从狭义上看，包括企业在出口受阻时为减少损失、清理库存、回笼资金而采取的短期应急措施；从广义上看，体现了外贸企业经营战略的转变，即从依赖国际市场向国内、国际市场均衡发展转型。从微观层面看，这是企业基于国内外形势变化的个体经营策略调整；从宏观层面看，反映了我国经济发展战略从出口导向型向内需主导型转变的趋势，是维护供应链安全、推进产业升级的重要手段。

新冠疫情突发后，全球经济陷入停滞，海外需求锐减，我国外贸企业面临大量订单被取消等困境，生存压力巨大。在此背景下，国家高度重视，发布《关于支持出口产品转内销的实施意见》，从简化认证程序、搭建转内销平台、加大支持力度等多方面为外贸企业提供帮助。各地也积极响应，推出一系列扶持活动，推动受疫情影响严重的外贸企业与本地采购商对接，助力企业开拓国内市场，解决库存压力，实现市场合理配置转变。据商务部调研显示，2020年前7个月广西加工贸易货物内销总值同比增长24.2%，截至2020年9月初，厦门海关加工贸易内销货值占比较去年同期提升0.4%，2020年第三季度，广州海关关区加工贸易内销货值比第一季度增长30.74%，出口转内销取得了一定成效。

H公司贸易转型及出口转内销营销策略

H公司作为一家在纺织行业深耕20余年的企业，依托苏州工厂，长期为海外客户提供OEM和ODM服务。公司拥有两家中国独资工厂、一家海外独资工厂以及一个新材料研发实验室，外贸年销售额接近两亿美金。然而，H公司主要客户集中于日本市场，随着中美贸易摩擦加剧以及国际政治经济形势变化，公司业务结构亟须调整。

品牌策略。2008年，H公司创立内销品牌"爱彼此家居"，主打时尚家居用品；2019年，创立"无菌时代"，专注于纳米抗菌抗病毒母粒和纱线的研发与销售。爱彼此品牌定位为中高端家居用品，注重产品设计与品质；无菌时代则聚焦于健康功能纤维领域，以技术创新为突破口，开发具有抗菌、防螨、发热等特殊功能的纤维产品。

营销策略。爱彼此品牌从传统的线下实体店销售逐步向线上销售为主转型，入驻淘宝、京东、拼多多等电商平台。无菌时代主要通过参加展会以及与知名家居品牌合作推广产品。爱彼此品牌采用打折、赠品、捆绑销售等促销方式吸引消费者；无菌时代则通过打折、与品牌合作等方式推广其健康功能纤维产品。

产品策略。爱彼此将传统家居产品与健康理念相结合，运用抑菌、抗菌等功能性科技升级产品，推出具有健康概念的家居用品。同时，注重产品设计的多样化和个性化，满足不同消费者的需求。其还加大研发投入，开发出清爽纤维、发热纤维、氧吧纤维等多种健康功能纤维，并将这些研究成果应用于家居纺织品等领域，打造出具有不同功能的健康家居产品。

价格策略。爱彼此家居从成本导向定价逐渐向竞争导向定价转变，同时随着私人定制业务的开展，灵活采用顾客导向定价。根据不同产品、不同业务的特点，结合成本、市场竞争状况以及顾客需求和支付意愿，制定差异化的价格策略。由于其产品技术含量较高且部分研究成果处于国内领先地位，爱彼此主要采用成本导向与顾客导向相结合的定价策略，在确保成本回收和合理利润的基础上，根据目标客户的支付能力和对产品价值的认知程度来制定价格。

截至2020年底，H公司日本市场业务销售额从1亿美金降至0美元，而北美和欧洲市场的占比分别增长至55%和35%。爱彼此品牌通过线上转型和产品升级，逐步在国内市场打开销路，销售额稳步增长。无菌时代品牌在健康功能纤维领域崭露头角，与部分知名家居品牌达成合作意向。

战略引领至关重要，企业进行出口转内销，必须从战略层面进行规划和布局，确保转型工作有序推进。品牌建设是关键，企业应根据自身优势和市场需求，打造具有特色和竞争力的品牌形象，提升品牌附加值。产品创新是核心动力，企业应持续加大研发投入，开发具有高附加值、符合市场需求的新产品，以产品创新为核心驱动，推动企业转型升级。营销创新助力发展，在出口转内销过程中，企业须不断创新营销手段，积极借助电商平台、社交媒体等渠道，加强与消费者的互动和沟通，提高产品销售量。

ZA制油公司出口转内销产品营销策略

ZA制油公司是一家成立于1994年的专业非转基因大豆加工企业，其主要产品包括大豆油、豆饼粉、食用级冷榨粉和豆制品。公司拥有4个有机种植基地，总面积达10万亩，具备强大的生产能力和拥有年销售额达2.3亿元人民币的良好业绩。然而，受到中美贸易摩擦、新冠疫情等不利因素的影响，公司出口业务受阻，面临业务结构调整和市场转型的迫切需求。

首先，ZA制油公司加大品牌宣传力度，通过多种渠道提升品牌知名度。其利用中央电视台、湖南卫视等传统媒体进行品牌宣传，同时在抖音、快手、小红书等新兴社交媒体平台上开展直播带货、短视频营销等线上推广活动，与知名网红合作，扩大品牌影响力。

其次，ZA制油公司将有机豆饼粉转型为食用级冷榨粉产品，开发适合国内市场需求的新产品。例如针对国内消费者对有机食品的需求，推出有机食用油和冷榨粉系列产品，满足消费者对健康、高品质食品的追求。此外，采用豆油与豆皮组合销售策略，利用豆油的现有销售渠道推广豆皮新品，降低新品推广难度。

再次，ZA制油公司积极开拓国内销售渠道，与有机贸易商合作，参与农牧场供应商投标，建立稳定的销售通路。同时，公司加强线上销售平台建设，入驻京东、淘宝、天猫等主流电商平台，打造官方旗舰店，开展直播带货活动，提高线上销售占比。

最后，公司组建专业促销团队，根据不同区域的市场特点制定针对性促销政策，采用打折、满减、赠品等多种促销方式吸引消费者购买。同时，调整产品价格策略，采用渗透定价方式，根据市场需求和成本变化灵活调整价格体系，提高产品性价比。

通过实施上述策略，ZA制油公司在内销市场取得了显著成效。食用豆油产品在国内市场的销售份额逐步提升，特别是在东三省地区，公司已建立较高的市场知名度和稳定的客户群体。其成功推出多款适合国内市场需求的新产品，使产品线更加丰富，市场竞争力进一步提升。公司还建立起涵盖线上与线下、传统与新兴渠道的多元化销售网络，销售渠道的拓展为产品销售提供了有力保障。

企业应根据外部环境变化及时调整战略方向，抓住市场机遇，实现可持续发展。深入了解国内市场需求、开发适合消费者的产品是企业出口转内销的关键。同时品牌是企业的重要资产，企业应通过多种渠道进行品牌推广，提升品牌知名度和美誉度。企业还应积极开拓多元化的销售渠道，利用线上线下相结合的方式，提高产品的市场覆盖面，根据不同市场特点和消费者需求，灵活制定促销和价格策略，提高产品性价比和市场竞争力。

L果蔬公司出口转内销策略

在中美经贸争端与新冠疫情的双重冲击下，L公司果断实施出口转内销战略。从单一原料供应商向烘焙辅料综合供应商转变，加大研发力度，根据不同市场需求开发新产品，满足家庭烘焙等新兴市场的需求。

线下，公司加强与大型商超、连锁面包房等合作，扩大市场覆盖；线上，入驻京东、淘宝、拼多多等电商平台，拓展销售范围，提升品牌知名度，并积极利用电商平台进行品牌推广，通过网络直播等方式宣传品牌形象，打造具有特色的产品品牌。

从转型结果来看，公司内销业务取得显著成效。2018—2020年内销营业额占比逐年增加，2020年内销营业额占农产品营业收入的比例由2017年的24.28%增加至38%。公司品牌影响力也有所提升，与多个国内知名品牌建立了合作关系。但国内市场开拓成本增加，2019年及2020年公司管理费用大幅上升。同时电商渠道利用不足、品牌在C端的影响力较弱、客户集中度高，存在一定的经营风险。

果蔬出口企业应积极应对国际市场变化，把握国内市场潜力，及时调整战略，实现多元化发展。在出口转内销过程中，须注重产品创新与质量控制，加强线上、线下渠道建设，提升品牌影响力，以增强市场竞争力。政府也可进一步加大政策支持，帮助企业降低转型成本，促进果蔬出口企业在国内市场的发展。

ZL 公司出口转内销案例分析

ZL 公司位于江西省南昌市青山湖区，是当地一家以生产针织内衣、T 恤衫以及文化衫为主的出口生产型企业。在成立之初，其凭借当地丰富的劳动力资源与产业配套优势，迅速在海外市场站稳脚跟，产品远销东南亚、非洲、欧美等地。然而，随着近年来中美贸易摩擦不断升级以及新冠疫情的影响，国际市场需求持续萎缩，贸易保护主义抬头，使得 ZL 公司的出口业务遭受重创，订单量锐减、出口额大幅下滑，同时原材料与劳动力成本却在不断攀升，企业利润空间被严重挤压。在此困境下，国内市场展现出的强大消费潜力与相对稳定的内需环境，为 ZL 公司提供了新的发展机遇。国家"双循环"新发展格局的提出，更是坚定了企业开拓国内市场的决心。

积极利用政策扶持。青山湖区政府及时出台了一系列扶持政策，ZL 公司积极响应，借助这些优惠政策成功渡过了资金难关。例如，园区内推行的融资策略，为 ZL 公司提供了资金支持，帮助企业缓解了资金压力，使其能够在转型初期投入更多资源用于国内市场开发。

品牌建设与创新设计。ZL 公司通过与青山湖针纺织服装综合服务中心合作，参与共享设计师协会活动，弥补了自身在创新设计方面的短板。同时，公司还获得了美国"大嘴猴"品牌运动板块在中国的生产销售权，并创立了自主品牌 ILYS，逐步树立起自身品牌形象，提升品牌知名度与市场竞争力。

拓展销售渠道。ZL 公司积极拥抱互联网，利用抖音、拼多多等平台开展线上直播带货，通过"网红"带货迅速吸引了大量消费者关注，有效提升了产品销量。除了线上渠道，ZL公司还积极参与各类展会，拓展线下销售渠道，加强与国内经销商、零售商的合作。

通过一系列转型措施的实行，ZL公司成功在国内市场站稳脚跟，实现了本土市场的营收增长。其经验表明，纺织服装企业在出口转内销过程中，应充分利用政府政策支持，加强品牌建设与创新设计能力，积极拓展多元化销售渠道。同时，企业要以国内市场与消费者为核心，深入研究国内消费者需求，及时调整经营策略。政府也可进一步加强对企业的扶持力度，完善知识产权保护体系，加强对市场交易的监督管理，为企业创造公平、良好的市场竞争环境，助力纺织服装企业顺利实现出口转内销的战略转型。

企业如何开展出口转内销？

（1）加强市场调研与消费者洞察。

国内市场与国际市场在消费者需求、偏好、购买习惯等方面存在差异。企业应投入资源进行市场调研，分析国内不同地区、不同年龄段、不同消费层次的市场需求特点，以便准确定位目标客户群体，为产品调整和营销策略的制定提供依据。企业还应持续关注国内消费市场的动态和趋势，如消费升级、健康环保意识增强、智能化产品需求增长，及时调整产品结构和研发方向，开发出符合国内消费趋势的新产品，以满足消费者不断变化的需求。

（2）品牌建设与推广。

明确品牌在国内市场的定位，结合国内消费者的文化背景和价值观，塑造具有亲和力和认同感的品牌形象，使品牌能够更好地融入国内市场。通过品牌故事、品牌价值主张等方式，传递品牌的核心理念和独特价值，与消费者建立情感共鸣。制定全面的品牌推广策略，整合线上、线下多种渠道进行品牌宣传。线上可以通过社交媒体、搜索引擎优化、内容营销等方式，提高品牌知名度和曝光度；线下可以参加各类品牌活动、举办新品发布会、开展广告宣传等，提升品牌的影响力和美誉度。同时，注重口碑营销，通过提供优质的产品和服务，鼓励消费者进行口碑传播，扩大品牌的影响力。

（3）**优化产品设计与品质**。

根据国内消费者的需求和偏好，对出口产品进行针对性的调整和改进。如调整产品的功能、款式、规格、包装，使其更符合国内市场的标准和消费者的审美习惯。例如，家电企业可以开发具有智能控制、节能省电等符合国内消费者需求的产品；服装企业可以根据国内时尚潮流和消费者的身材特点，对服装的款式、尺码进行调整。国内市场对产品的品质要求也越来越高，企业应加强质量控制和管理，确保内销产品的品质不低于出口产品，树立良好的品牌形象，提高消费者对产品的信任度和满意度。随着国内消费市场的升级和个性化需求的增长，企业可以利用自身的技术和生产能力，开发个性化定制的产品或服务，满足消费者对于独特性和个性化的需求，提高产品附加值和竞争力。

（4）**推动技术创新与产业升级**。

企业应不断加大在技术研发方面的投入，提高其自主创新能力和核心竞争力。通过开发新技术、新材料、新工艺，提升产品的技术含量和附加值，推动企业从传统生产制造向智能制造、高端制造转型。根据市场需求和企业发展战略，适时进行产业升级和转型，拓展业务领域，开发多元化的商业模式。

（5）拓展销售渠道。

企业可利用国内各大电商平台的优势，开设官方旗舰店或入驻相关品类频道，如京东、天猫、拼多多。这些平台拥有庞大的用户群体和完善的物流配送体系，能够帮助企业快速触达国内消费者，提高产品的曝光度和销售量。借助直播带货的东风，与知名主播合作或培养自己的主播团队，通过直播方式向消费者介绍和推广产品，实现产品销售和品牌宣传的双重效果。

与此同时，企业可与国内的商超、百货、专卖店等线下零售企业合作，将产品发到实体店铺，让消费者能够直接体验和购买。同时，可以参加各类展会、展销会等活动，展示企业的产品优势，拓展销售渠道，寻找潜在的合作伙伴。在此基础上寻找国内的批发商、代理商，建立长期稳定的合作关系，借助他们的销售网络和渠道资源，将产品推向更广泛的市场。此外，还可以考虑与国内的经销商、代理商合作，共同开发市场，提高产品的市场覆盖率。

（6）优化供应链管理。

加强与国内供应商的合作，建立稳定的原材料供应渠道，确保原材料的质量和供应稳定性。同时，通过整合供应链资源，优化采购流程，降低采购成本，提高供应链的效率和竞争力。选择合适的物流合作伙伴，建立高效的物流配送体系，确保产品能够及时、准确地送达消费者手中。此外，完善售后服务网络，提供优质的售后服务，如产品保修、退换货、技术支持，提高消费者的满意度和忠诚度。

（7）加强与政府及行业协会的合作。

政府出台了一系列支持出口产品转内销的政策措施，如税收优惠、财政补贴、金融支持。企业应及时关注并积极申请相关政策支持，降低转内销的成本和风险，促进企业的转型发展。还可加入相关的行业协会或商会组织，积极参与协会举办的各种活动，如行业展会、研讨会、培训，借助协会的平台资源，获取市场信息、行业动态和政策解读，加强与同行企业的交流与合作，共同应对转内销过程中的挑战和问题。

中国各级政府出台的支持出口产品转内销的主要政策措施

市场准入与标准支持方面，加快转内销市场准入，促进"同线同标同质"发展。对依据出口目的国标准生产且相关标准技术指标达到我国强制性标准要求的出口产品，允许企业做出相关书面承诺，通过自我符合性声明的方式进行销售[①]。例如，广州海关简化内销征税手续，放宽内销集中纳税申报时限，支持加工贸易货物转内销。支持企业发展"同线同标同质"产品，即在同一生产线上按照相同标准、相同质量要求生产既能出口又可内销的产品，帮助企业降低成本、实现内外销转型。目前，山东省已有600家企业获得"三

---

① 国务院网站. 国务院办公厅关于支持出口产品转内销的实施意见国办发〔2020〕16号，https://www.ndrc.gov.cn/fggz/jjmy/dwjmjzcfx/202006/t20200624_1231865_ext.html.

同"认证[1]。

平台搭建与渠道拓展方面，搭建转内销平台，发挥有效投资带动作用。鼓励外贸企业对接电商平台，依托各类网上购物节设置外贸产品专区。例如，深圳海关联合地方推广"三同"认证，组织企业参与外贸优品中华行活动，支持企业通过电商平台开拓国内市场[2]。结合各地新型基础设施、新型城镇化和重大工程建设需要，组织对接一批符合条件的出口产品转内销，帮助企业融入投资项目产业链供应链。例如，四川省出台支持外贸稳定发展的9条措施，组织外贸企业参加广交会等重点展会。

金融支持方面，完善融资服务和支持，加大保险支持力度。鼓励各类金融机构对出口产品转内销提供金融支持，加强供应链金融服务，加大流动性资金贷款等经营周转类信贷支持。例如，银行为外贸企业提供信贷支持，对受关税影响较大的主体实行"一企一策"，提供精准服务。支持保险公司加大对出口产品转内销的保障力度，提供多元化的保险服务。

税收与成本支持方面，提升转内销便利化水平，加强资金支持。对符合条件可集中办理内销征税手续的加工贸易企业，由每月15日前申报调整为最迟可在季度结束后15天内申报。用足用好外经贸发展专项资金，支持出口转内销相关业

---

[1] 河南省人民政府，外贸产品转内销提速增量，https://www.henan.gov.cn/2025/05-18/3159023.html。
[2] 武汉市科技创新局，外贸产品转内销提速增量，https://kjj.wuhan.gov.cn/xwzx_8/kjspxw/202505/t20250519_2582740.html。

务培训、宣传推介、信息服务等,支持外贸企业参加线上、线下内销展会。

知识产权与品牌支持方面,加强知识产权保障,精准对接消费需求。支持外贸企业与品牌商协商出口转内销产品涉及的知识产权授权,做好专利申请、商标注册和著作权登记。引导外贸企业精准对接国内市场消费升级需求,发挥质量、研发等优势,通过个性化定制、柔性化生产研发适销对路的内销产品,创建自有品牌。

地方政策支持方面,给予资金补助,设立内销咨询办理专窗,组织外贸优品拓内销活动。湖南省对在省内首次开设直营门店展示、展销湖南出口产品的品牌方,按不高于实际发生的租金、装修等费用的30%给予一次性补助,最高补助50万元。深圳海关设立内销咨询办理专窗,为企业提供一站式服务。宁夏回族自治区出台《宁夏回族自治区加快内外贸一体化发展行动方案》,组织开展外贸优品拓内销系列活动,支持有进出口实绩的外贸企业设立商品展示、展销中心。

第五章

CHAPTER 5

关税战下的百姓生存法则
——小人物的大时代兵法

关税战的硝烟不仅弥漫于大国博弈的舞台,也悄然影响着普通百姓的生活。本章聚焦于百姓视角,探讨在关税战冲击下,如何在消费、就业、理财等诸多方面灵活应对,开启智慧生存之道。

第五章 关税战下的百姓生存法则——小人物的大时代兵法

5.1 投资：关税对冲基金与避险资产配置

美国加征对等关税对全球经济稳定产生极大的负面冲击，首当其冲的是金融市场。就在美国宣布"对等关税"政策不久后，全球投资者对美元资产的信任危机逐渐加深，美国金融市场遭遇"股债汇三杀"：美国股市暴跌，美债被大量抛售，美元信用受损。虽然，美国此后又宣布推迟对部分国家和部分商品加征关税的计划，但美国政策反复无常仍然难以让投资者对美国金融市场重拾信心，未来，美股及其他国家资本市场仍然承压巨大，充满波动性。

我们将视角转向大宗商品和黄金市场。由于美国"对等关税"政策导致全球其他国家与美国间的贸易成本显著提高，全球经济发展将进一步放缓，商品需求也将进一步减弱。因此，未来一段时间，原油、铜等大宗商品价格会继续承压，黄金等避险资产价格可能会继续走高，也有可能会随着市场行情变化而出现波动。

我国股票市场虽然也因受到"对等关税"政策影响而出现一定程度的波动，但鉴于我国拥有庞大的国内市场规模与强大的产业链韧性，科技产业发展突飞猛进，同时在应对贸易摩擦中已积累了大量的经验、国际经贸合作伙伴更加多元化，因此，我国经济长期向好发展的态势不会变，资本市场长期稳定发展的态势也不会变。德意志银行发布的中国股市研究策略报告称，2025年将成为全球投资界重新认知中国国际竞争力的关键一年[①]。

总之，我国资本市场长期发展动力依然十分强劲，但"市场有风险，投资需谨慎"，在选择投资产品时，仍然要坚持"鸡蛋不能放在同一个篮子里"的风险分散化投资理念。在自身投资能力与投资经验不足时，应尽量选择避开原油、有色金属等具有极大风险性的期货商品。以下是本书所梳理的一些关于投资理财的基本方法，仅供投资者在进行投资选择时参考。

（1）多元化投资组合。

1）股票方面。

第一，选择防御性股票。它是指那些在经济不稳定时期表现相对稳定的股票，如生活必需品、公用事业以及医疗保健行业。这些行业通常具有稳定现金流和较低波动性，持有这些股票能够在加征关税带来的市场波动中为投资者个人资产提供一定保护。

第二，关注新兴产业。当前我国科技产业发展动力强劲，例如在人工智能领域，我国已开发出具有全球竞争力的人工智能大模型，人形机器人技术专利申请数量和有效专利数量均位居世界第一。此外，我国的创新投入在全球产业链重构中也产生了显著的溢出效应。

尽管传统制造业有可能受到加征关税带来的负面冲击，但新

---

① 上海证券报. 美元体系现"裂痕""对等关税"将长期影响全球金融市场，中国证券网，https://paper.cnstock.com/html/2025-04/22/content_2053044.htm.

兴产业如绿色能源、人工智能往往具有较强抗风险能力。这些行业发展空间大，并且市场需求规模显著，投资者可以通过投资相关企业股票，分享新兴产业发展红利。

第三，分散投资。在全球产业链供应链深度融合的今天，任何领域的波动都有可能通过"蝴蝶效应"而波及其他行业，因此，想要精准预测资本市场行情变化十分困难。所以，投资者在进行投资选择时，要把握好"分散化投资"理念，不要将所有资金集中在少数几只股票上，而是应当通过分散投资来降低风险。

投资者可以选择对不同行业、不同规模的企业进行投资，避免因单一股票波动而影响整个投资组合表现。

2）债券方面。

第一，国家债券。它是由国家信用背书的债券，具有极高安全性。在经济不稳定时期，国家债券通常被视为安全投资工具之一。投资者可以通过购买国债，保证稳定的利息收入，同时避免市场波动带来的风险。

第二，公司债券。它是企业发行的债券，其收益率通常高于国债。在选择公司债券时，投资者需要注意企业信用评级和财务状况，选择信用评级较高的公司债券进行投资，以降低违约风险。

第三，债券基金。它是一种通过投资多种债券来实现收益的投资工具。投资者也可以选择购买债券基金，分散投资于不同类型债券，降低单一债券风险。

3）避险资产。

第一，黄金。作为一种传统避险资产，黄金一般被视为稳定的货币替代品，具有一定的保值功能。在市场出现大幅波动时，黄金价格通常会上涨，投资者可以通过购买一定数量的黄金，将其纳入投资组合，实现资产保值增值。

第二，现金及现金等价物，如银行存款、货币基金。这些资产具有较高的流动性，在市场波动较大时，持有一定比例的现金及现金等价物可以为家庭必需支出提供流动性支持，同时避免市场波动带来的损失。

（2）动态调整投资策略。

第一，投资者应密切关注市场动态和经济形势，及时调整投资策略。关税战进展、国际贸易关系变化、全球经济形势波动等都会对投资市场产生影响。通过关注市场动态，投资者应当及时调整投资策略，降低风险，从而实现收益长期稳定。

第二，投资者应根据市场变化和经济形势，动态调整投资组合的配置比例。众所周知，金融产品的流动性越高，收益率往往越低。因此，在资本市场不同行情背景下，及时调整"鸡蛋"在不同"篮子"里放置的数量，能够对投资者获得收益发挥一定作用。

例如，在关税摩擦加剧导致市场波动较大时，投资者应适当增加避险资产比例；在市场稳定和经济形势向好发展时，投资者则可以适当增加股票、债券等收益性较高的资产配置。通过动态调整投资组合，投资者可以在不同市场环境下实现收益稳定。

第三，投资者应当树立长期投资理念。投资是一项长期的活动，虽然短期内投资组合的及时调整能够为投资者保护个人利益发挥一定作用，但过度频繁调整自己的投资组合，依然很难让投资者实现长期收益稳定化。金融市场在受到外部环境影响时，可能会出现短时间波动，然而国家宏观政策安排和产业发展才是影响金融市场长期行情的重要因素。因此，对于投资者而言，应平衡好短期避险与长期投资的关系，寻找长期优质的投资产品，获得长期收益。

（3）寻求专业投资人士和工具的帮助。

首先，在关税战背景下，关税对冲基金是抵消加征关税带来的投资风险的一项重要工具。关税对冲基金是专门针对关税变化带来的市场波动而设计的投资工具，它的核心原理是利用市场波动性，通过做多和做空不同资产，实现风险对冲和绝对收益。对冲基金运作方式相对复杂，高收益的同时也伴随着高风险，因此，普通投资者在选择对冲基金时应谨慎考虑。

其次，投资者如果希望能够获得更加全面、实时的资本市场行情变化情况，应当积极寻求专业投资顾问和理财分析师的帮助。投资是一项复杂且专业的活动，普通投资者在制订投资计划时，专业投资人士的理财建议也是一项重要参考。投资者可以咨询专业投资顾问、理财师或金融机构，获取专业投资意见和建议，更好地了解各项金融产品的特点和风险，做出更为明智的投资决策。

5.2 消费：重置购物车，实现短期适当"节流"

加征关税会对全球产业链供应链的稳定产生负面冲击，短期内可能会导致我国外贸企业承压，商品价格可能会出现一定波动。但从长期来看，我国产业布局完整，国内市场规模庞大，"出口转内销"能力强，商品价格总体呈平稳特征。同时，我国贸易伙伴多元化，长期内能够寻找到进口商品替代来源，避免加征关税带来的额外成本。例如我国选择从巴西、阿根廷等南美国家进口大豆、肉类等农畜产品，以规避美国高额关税。此外，我国也出台了一系列"促消费"的惠民政策，有力地刺激了国内消费需求的增加。总而言之，加征关税可能在短期内对我们消费者产生负面影响，但长期来看，我国经济态势仍然向好发展。因此，大家不必产生恐慌情绪，更不必囤积大量商品，而是应当理性看待这次加征关税带来的具体影响，做到短期适当"节流"即可。

（1）增加对国产商品的支持。

加征关税在一定程度上限制了进口商品的市场竞争力，但是也为国内商品提供了更多发展空间。消费者可以借此机会增加国产商品的购买，支持国内产业发展。近年来，国内许多品牌在产品质量和外观设计上都有了很大提升；同时，相较于其他同类进口商品，国产商品在价格上也更加实惠，能够满足消费者多样化需求。因此，在购买家电、日用品、服装、电子产品等商品时，优先选择国内知名品牌，不仅可以避免因进口商品价格上涨带来的消费压力，也有助于增强国内产业竞争力，推动产业不断优化升级，为本土产业发展贡献一份力量。

（2）注重性价比消费。

消费者在购物时，不应单纯追求产品品牌，而是应当更加注重商品性价比。在加征关税背景下，部分进口商品价格波动较大，消费者需要仔细比较不同品牌以及不同渠道商品的价格和质量，选择性价比最高的商品。例如在购买食品时，我们可以多多关注本地生产的物美价廉的应季食品；在购买电子产品时，我们应当重点对比不同品牌的具体功能和价格，选择最适合自己的产品，而不是盲目追求高端品牌。此外，作为消费者，我们还要密切关注国家补贴优惠政策以及商家促销活动，及时获取更多优惠信息。

（3）充分发挥线上购物平台的潜能。

近年来，随着我国电子商务的快速发展，电商平台购物支出所占比重不断提高，线上购物逐渐成为消费者的购物新渠道。线上购物平台通常会提供国内外大量商品的详细信息和用户评价，消费者可以通过这些信息更好地了解商品的质量性能，从而做出最为满意的购物选择。此外，线上购物平台还会经常推出折扣、满减等优惠活动，帮助我们在购买商品的过程中进一步降低消费成本。

5.3 择业：新业态下的长期"开源"策略

我们前面已经提到，加征关税将使得外贸企业在短期内面临一定外部环境压力，但随着我国数字经济加快发展，以跨境电商为代表的数字贸易正蓬勃兴起。伴随着我国贸易投资"朋友圈"不断扩大，企业开展海外合作、经营的空间得到进一步拓宽。基于我国广交会、进博会、服贸会、链博会等大型展会继续为企业"出海"提供多元化合作平台，外贸企业合作伙伴更加丰富。

因此，对于外贸行业的从业者而言，未来应对我国外贸行业发展保持积极乐观的态度，并且努力提升自身数字应用适应能力、语言能力以及贸易和法律等相关领域的知识储备，以应对新业态、新模式下外贸发展的新方向。同时，对于其他从业者和择业者而言，掌握先进技术在本行业内的具体应用，加强技能提升，也是不断提高自己工作能力和效率、应对更复杂工作挑战的重要方式。此外，积极挖掘自己在创新创业领域的潜能也应作为职业规划中的一项重要选择。综上，本节将对在当前关税战背景下，如何提升自身工作能力和职业素养进行简要梳理。

（1）外贸从业者应做到综合发展。

关税战下，不少外贸企业和较为依赖出口行业的企业在短期内都将面临一定冲击。但新业态新模式也使得外贸发展有了新方向新特征，这也对外贸从业人员提出了更高的职业要求。

第一，应当加强数字应用能力培养，如前所述，数字贸易加快发展，跨境电商逐渐成为外贸企业拓宽业务范围的重要方式，如何运用好人工智能、大数据、区块链等先进数字技术，赋能智能选品、精准营销、物流溯源、金融安全等贸易全流程，是外贸从业者需要掌握的重要技能。

第二，随着外贸企业"伙伴圈"更加多元，外贸从业者除了需掌握英语、法语等通用语言，还需要学习更多小语种以及更多国家的法律、文化习俗，以更好地与当地企业开展贸易往来。

（2）持续加强技能提升。

第一，积极利用互联网平台学习新技能和新知识。当前，数字经济深刻赋能教育发展，各式各样的在线学习平台提供了大量优质免费的课程资源，涵盖从基础知识到高级技术在内的多个领域，我们可以根据自身兴趣爱好和发展方向选择合适的课程进行学习，从而提升工作能力和综合实力。

第二，考取相关职业证书也是提升就业竞争能力，拓宽择业范围的重要途径。通过考取包括数据分析证书、项目管理证书、会计师证书等在内的职业资质，一方面是对求职者个人专业能力的认可，另一方面也是其求职时的显著优势。

第三，积极学习 AI 等先进技术在工作领域的具体应用，掌握利用 AI 进行资料搜集、知识梳理、信息获取等重要技能，不断提高工作效率。

（3）考虑灵活就业方式。

当前，我国通过出台创业贷款、创业补贴和税收优惠等一系列创业扶持政策，为广大有志于创新创业的劳动者提供了良好的创业环境。我们在进行职业规划时，除了思考已有的就业方向，也可以把创业作为自己人生道路上的一种选择，密切关注大数据、人工智能、云计算、电子商务等新兴领域的发展情况，以自身专业优势为基础，探索未来创业发展的无尽可能性。创业不仅能为劳动者提供更多就业选择，也能为我国技术创新注入更多活力，更能为进一步扩大国内市场空间、创造更多就业岗位发挥关键作用。

5.4 学习：让知识成为乱世硬通货

无论外部环境如何变化，拥有丰富充实的知识能让我们每个人在面对任何情况时，保持理性冷静的思考。在如今"对等关税"政策给全球经济带来不确定性的背景下，我们应当积极学习国际贸易、经济、法律等与工作生活密切相关的知识，做好自身权益的维护者。此外，随着出国留学逐渐成为部分家庭求学的重要选择，加征关税对留学目的国在外汇、商品市场以及人员流动方面可能产生的影响，也是这些家庭需要了解的重要信息。因此，我们对当前关税战背景下，应该及时了解的内容进行以下梳理。

（1）掌握国际贸易基础知识。

学习有关关税和关税战的基本概念，了解关税对国际贸易和各国经济的作用机制，以及加征关税对我国宏观经济的具体影响，从而更好地判断当前及未来一段时间的经济形势走向，合理制定消费、投资和职业规划。此外，普通消费者还应积极了解我国外贸发展情况，明确哪些行业商品在我国进出口贸易中占据重要份额、价格可能会受关税影响而产生较大浮动，做到心中有数，进而成为理性的消费者。

（2）留学规划需谨慎考虑。

教育是一个家庭非常重要的长期投资，当前，出国留学正在成为许多家庭的选择。关税战虽不会直接对服务贸易产生影响，但由加征关税带来的商品进口成本上升、物价上涨、外汇市场汇率波动，以及对人员流动方面产生的负面影响，都可能会显著提高留学成本和留学风险。因此，有留学计划的家庭在制定学习规划时，要审慎评估留学意向国家未来几年的综合发展水平，谨慎选择留学目的地，莫让关税战影响到求学之路。

（3）增加法律知识储备，做自身权益的维护者。

受加征关税影响，短期内，国内侧重于外贸业务的供应商以及外资企业设立的子公司将面临成本上升和风险增加的双重挑战，企业为了保证生产经营正常，可能会减少人员雇佣、提高产品价格以及降低产品质量。作为劳动力市场的要素提供者和商品市场的消费者，我们应当积极学习劳动者保护、消费者权益保护等方面的法律法规知识，保护好自己的正当权益。

第五章 关税战下的百姓生存法则——小人物的大时代兵法

5.5 美国加征关税背景下的思考

在系统性介绍普通消费者面对关税战应从投资、消费、择业和学习方面采取的应对策略和方法后，本小节将回到宏观层面，对如何看待美国滥用关税政策进行探讨分析，也为消费者理性认识美国"对等关税"政策提供参考见解，让大家做到心中有数，而不是盲目地慌乱焦虑。

美国宣布"对等关税"政策并连续多次针对性提高自我国进口商品的不公平关税后，《人民日报》通过三则故事对美国乱挥"关税"重棒后，中国如何应对美国关税政策以及全球经济未来应如何发展进行了生动形象的描述[①]。

普罗米修斯盗取天火后，惹怒了众神之王宙斯，后者为了抵消火种给人间带来的好处，便命令火神用黏土塑造了一个集美貌、智慧、魅力等美好品质于一身的女子。同时，她也被赋予了强烈的好奇心，取名"潘多拉"，后来，潘多拉成为了普罗米修斯弟弟的妻子。在他们的家中，有一个宙斯送给他们并嘱咐一定不能打开的盒子，但好奇心使潘多拉愈发想知道盒子里究竟放着什么东西。终于有一天，她再也无法克制自己强烈的好奇心，打

[①] 人民网-人民日报.从三则故事看美滥施关税,http://opinion.people.com.cn/n1/2025/0416/c1003-40460689.html.

开了盒子。盒子一打开，无数的灾祸就像被释放的洪水猛兽一样飞了出来，疾病、痛苦、贪婪、嫉妒、仇恨等纷纷逃出盒子，飞向人间，给人类带来了无尽的痛苦和折磨。潘多拉惊恐万分，想要将盒子重新关上，但已经来不及了，所有的灾难都已逃出，只留下希望还在盒子里。

美国滥用关税政策无异于打开"潘多拉魔盒"，给世界带来诸多灾难。历史是最好的见证者，1930年6月，美国政府不顾众多商界人士和经济学家反对，颁布《斯穆特-霍利关税法》，对外国产品大幅提高关税，引发全球贸易战。最终结果不仅是美国与其最初恢复国内经济的目的背道而驰，出口大幅下降，失业问题更加严重，全球经济也面临着巨大的负面冲击，从1929年到1934年，全球贸易额下降约66%。最后，美国通过《互惠贸易协定法》，大幅降低关税，才解决了这场危机。如今，美国再次向其他国家滥施关税政策，将严重冲击多边贸易体制，在全球范围内制造巨大混乱和不确定性，引发多国资本市场巨震，加大全球经济衰退概率，造成"信心危机"。

近年来，世界经济增长动能不足，各国都感受到压力和冲击，美国也不例外。但历史也告诉人们，有问题不可怕，可怕的是不敢直面问题，找不到解决问题的出路。从制造业产能收缩到财政赤字严重，从通货膨胀居高不下到贫富分化加剧，美国从来没有反思过国内经济发展模式存在的问题，而是片面强调"贸易赤字论"，试图以货物贸易面临的显著逆差作为美国经济增长乏力的统一解释，以邻为壑，用高筑关税壁垒、阻挠国际贸易正常发展的方式转嫁自身发展危机。无论一个国家经济发展处于何种

第五章 关税战下的百姓生存法则——小人物的大时代兵法

水平,都能找到拥有比较优势的产品,通过专业化分工生产,参与国际贸易并从中获利,因此,国际贸易不是简单的"零和博弈",也不存在"赢者通吃",滥施关税只会害人害己。

19世纪90年代,美国为保护本国工业发展,颁布《麦金利关税法》,通过精密设计差别化关税税率对工业实施系统性保护,虽然短期内推动了当时美国工业产值跃升,但也加剧了经济长期失衡。

一是资源配置扭曲,美国钢铁行业在关税政策保护下迅速形成垂直整合的"托拉斯组织",垄断企业通过限制产量、抬高价格来攫取垄断利润,使得终端消费价格指数大幅上升;二是经济脆弱性提高,以保护主义为主要方式带来的行业扩张具有盲目性,铁路、钢铁等行业产能无序扩大导致债务链断裂,引发100多家银行倒闭[1]。

面对当前关税政策,美国前财政部长劳伦斯·萨默斯已表示,受加征关税影响,美国目前可能正朝着经济衰退的方向发展,可能导致约200万美国人失业,各大金融机构也纷纷下调美国经济增长预期,大幅上调美国经济衰退概率,部分机构甚至预计美国2025年国内生产总值将出现收缩。

吹灭别人的灯,不会让自己更加光明。以邻为壑的加征关税做法,反而会抬高美国企业和消费者的生产生活成本,滑向自设的"关税陷阱"。

中国自古流传着众多神话故事,它们宛如璀璨星辰,映照出

---

[1] 环球时报. 马雪, 宋效军, 廖峥嵘. 环球圆桌对话:美国追忆"镀金时代",但莫刻舟求剑, 环球网, https://opinion.huanqiu.com/article/4LvlUC2l28M.

中华民族独特的精神风貌。远古时期，宇宙混沌一片，如同一个巨大的鸡蛋。盘古在混沌中沉睡了上万年，当他醒来时，感受到混沌的黑暗和压抑。于是，他拿起一把巨大的斧头，用力一挥，混沌被劈成了两半。轻而清的部分缓缓上升，变成了天；重而浊的部分慢慢下沉，变成了地。从此，天地开始形成。然而，天地刚刚分开，还不稳定，盘古担心它们会再次合拢，于是他站在天地之间，用头顶着天，脚踏着地，支撑着天地。随着时间的推移，盘古的身体也在不断地生长。每天，天升高一丈，地加厚一丈，盘古的身体也长高一丈。就这样，经过数万年的努力，天变得极高，地变得极厚，盘古也变得极为高大。

后来，世界再度陷入天崩地裂的灾难之中，女娲挺身而出，炼五色石补天，斩神鳌之足撑四极，平洪水、杀猛兽、填地缝，拯救了万灵，让它们得以安居。从盘古开天辟地的壮举到女娲补天的英勇，这些故事代代相传，深入人心，生动展现了中华民族不畏艰难、勇于担当的精气神。

从中华人民共和国成立到改革开放，人们凭借着自身的果决与勇气，自力更生，艰苦奋斗，取得一系列卓越成果。如今，时代环境和条件已发生显著变化，但面对美国滥用不公平关税政策对我国外贸发展施加压力，中国凭借自身的智慧、能力和底气，一定能够排除艰难险阻，在贸易博弈中取得胜利。

经过多年发展积累，我国经济早已成为一片浩瀚的"大海"，具备强大的抗压能力和韧性。近年来，我国出口市场多元化成效显著，共建"一带一路"倡议继续深入落实，中国－东盟合作、中非合作论坛、中拉论坛以及中国－中东欧国家合作等

第五章 关税战下的百姓生存法则——小人物的大时代兵法

多双边对话交流机制促成诸多经贸往来便利化新成果，广交会、进博会、服贸会和链博会等大型国家级展会为企业"出海"打造新平台；国内市场缓冲空间充足，"出口转内销"政策的堵点和卡点也在加快打通，各类惠民惠企政策促消费促投资作用明显，内需市场的容纳效应日益显现；同时，我国在加快发展新质生产力、培育新产业、新业态、新模式、新成果，以及逐步化解各类市场风险等方面都展现出强劲动力和活力，始终保持发展和进步。

作为超大规模经济体，我国在应对关税战贸易战的过程中已积累了大量经验，政策工具箱充实完善，企业抗风险能力不断提高，于困境中寻得转机，实现技术自主创新和市场多元化拓展。

面对技术封锁，我国国产芯片和操作系统不断取得新突破；面对关税压力，我国持续拓宽与新兴市场的经贸合作，探索发展新空间。因此，正如我们前面所提到的那样，面对美国"对等关税"政策，普通消费者无须盲目焦虑，而是应当理性看待此次加征关税对商品市场、劳动力市场以及资本市场产生的影响，做到短期内规避风险、适当"节流"与长期制订合理投资计划、拓展知识技能广度、提高从业能力相结合，把握关税战下的"生活法则"。

美国著名童话作品《绿野仙踪》中，小女孩多萝西和叔叔亨利、婶婶埃姆住在堪萨斯州的大草原上，她的宠物是一只叫托托的小狗。一天，一场可怕的龙卷风袭来，多萝西来不及躲进地窖，只好抱着托托躲进木屋。龙卷风将木屋卷到了空中，等房子落地时，多萝西发现自己来到了一个陌生而美丽的地方——奥兹国。在重返家乡的途中，她遇到了几位志同道合的伙伴：一个渴望智慧的稻草人,一个希望得到心脏的铁皮伐木工,以及一个寻求勇气的胆小狮子。他们携手并肩,共同面对任何困难挑战,一次次战胜了看似不可逾越的困境,并成功实现了各自的心愿。

这样一个充满奇幻色彩的童话故事告诉人们,危机面前,没有谁能够独善其身,只有团结合作才能应对挑战。当今世界,全球经济增长速度普遍下降,许多发达国家在经历了长期的经济增长后,面临着人口老龄化、技术进步放缓、市场需求饱和等问题,经济增长动力不足。同时,全球经济增长的不平衡问题愈发突出,发达国家与发展中国家之间、新兴经济体与传统经济体之间的差距依然存在,甚至在某些领域还在扩大,这种不平衡不仅体现在经济增长速度上,还体现在经济结构、技术水平、居民生活水平等诸多方面。一些发达国家在高科技产业、金融服务业等领域占据优势,而许多发展中国家则主要依赖资源出口或劳动密集型产业,产业结构单一,抗风险能力较弱。面对这些问题,经济发展大国要积极承担起负责任大国应有的责任,主要经济体要以身作则,广大发展中国家要充分把握一切机遇,合作应对一切挑战,为经济全球化发展提供不竭动力。

当美国还在将"关税"重棒挥向全球的时候,中国的一项"零关税"政策尤为可贵。自 2024 年 12 月 1 日起,中国对原产于同中国建交的最不发达国家 100% 税目产品适用税率为零的特惠税率[①],成为实施这一举措的首个发展中国家和世界主要经济体。这一"零关税"政策带来诸多好处,对于中国消费者来说,

---

① 中华人民共和国财政部.国务院关税税则委员会关于给予最不发达国家 100% 税目产品零关税待遇的公告,https://gss.mof.gov.cn/gzdt/zhengcefabu/202409/t20240912_3943678.htm.

能够以更低的价格享受到来自老挝的天然橡胶、坦桑尼亚的蜂蜜、马达加斯加的羊肉等特色产品，多样化需求得以更好满足；同时，这一政策也有力地推动了相关国家的产业发展，为当地带来更多经济效益，增进民生福祉。

世界各国的发展不应是相互竞争的零和游戏，而应是普惠包容、携手共进的共赢之旅。在全球化时代，各国面临着共同的机遇与挑战，只有通过合作，才能实现共同发展，解决全球性问题。普惠包容是全球发展的新理念，它强调各国都应拥有平等发展机会和共享发展成果，一国经济发展不能以扼制其他国家经济增长为代价；共同利益是全球发展的基石，它要求各国在应对全球性挑战时要携手合作；合作共赢是实现普惠包容与维护共同利益的路径，它涵盖经济、科技、文化等多个领域。中国作为自由开放、普惠包容式发展的积极倡导者和实践者，通过共建"一带一路"倡议、国际发展合作、全球治理参与等方式，为全球发展贡献重要力量。未来，各国应继续秉持普惠包容理念，深化合作共赢实践，共同推动全球发展迈向更加美好的未来。只有这样，人类社会才能在和平与繁荣的道路上稳步前行，实现共同的理想与追求。

参考文献

[1] 威廉·配第. 赋税论 [M]. 邱霞, 原磊, 译. 北京: 华夏出版社, 2006.

[2] 朝仓弘教. 世界海关和关税史 [M]. 吕博, 安丽, 张韧, 译. 北京: 中国海关出版社, 2006.

[3] 周友刚. 中国做对了什么? [J]. 特区经济, 2025, (01): 5-11.

[4] 于文杰. 改革开放以来的中国英国史研究 [J]. 史学月刊, 2009, (08): 5-18.

[5] 杜勇. 论夏朝国家形式及其统一的意义 [J]. 天津师范大学学报（社会科学版）, 2007, (01): 31-39.

[6] 黄天华. 试论中国关税制度的起源 [J]. 社会科学, 2008, (08): 158-170+192.

[7] 王义忠.《管子》赋税思想及其当代价值 [J]. 税务研究, 2015, (08): 122-127.

[8] 岑维廉, 钟昌元, 王华. 关税理论与中国关税制度 [M]. 上海: 格致出版社, 上海人民出版社, 2009.

[9] 杨际平. 唐前期江南折租造布的财政意义——兼论所谓唐中央财政制度之渐次南朝化 [J]. 历史研究, 2011, (02): 16-34+189.

[10] 王元林, 熊雪如. 历史上深圳地域与海上丝绸之路渊源初探 [J]. 深圳大学学报（人文社会科学版）, 2016, 33 (03): 20-24.

[11] 欧阳峣, 唐清. 唐宋时期经济重心南移怎样促进了市场规模扩张? [J]. 湘潭大学学报（哲学社会科学版）, 2022, 46 (04): 39-45.

[12] 廖大珂. 宋代市舶的抽解、禁榷、和买制度 [J]. 南洋问题研究, 1997, (01): 39-44.

[13] 朱丽霞. 海上丝绸之路与中华文明早期传播 [J]. 人民论坛, 2020, （11）: 142-144.

[14] 马晴晴, 吕变庭. 《算学启蒙》中的香料经济新探 [J]. 中国社会经济史研究, 2021, （01）: 19-26.

[15] 孙文学. 从财政概念的演化看财政制度的变革 [J]. 财经问题研究, 2002, （09）: 45-49.

[16] 侯莎. 现代经济法视域下的福建市舶司法制批判 [J]. 中国政法大学学报, 2021, （05）: 13-23.

[17] 胡铁球. 明清海外贸易中的"歇家牙行"与海禁政策的调整 [J]. 浙江学刊, 2013, （06）: 27-35.

[18] 王志刚, 张帅. 加入WTO后我国关税政策的演进及其经验启示 [J]. 财政科学, 2022, （02）: 66-72.

[19] 苏宁. 唐诗中的丝绸之路与天府之国 [J]. 文学评论, 2017, （04）: 72-78.

[20] 束克东, 黄阳华. 演化发展经济学与贸易政策新争论的历史背景 [J]. 经济社会体制比较, 2008, （05）: 33-38.

[21] 余姣, 何玲玲. 论马克思恩格斯对资产阶级世界主义的批判 [J]. 天府新论, 2024, （04）: 11-19.

[22] 朱一心, 张凌翔. 美国学派被遮蔽的原因及其方法论启示 [J]. 江汉论坛, 2023, （03）: 22-27.

[23] 王觉非. 欧洲历史大辞典·上 [M]. 上海: 上海辞书出版社, 2007.

[24] 钟飞腾. 中美贸易摩擦不会发展为全球贸易战 [J]. 人民论坛, 2018, （12）: 38-39.

[25] 陈诗一, 朱渝铖. 欧盟碳边境调节机制对我国绿色低碳转型的动态影响分析 [J]. 江淮论坛, 2024, （06）: 21-28+2.

[26] 杨博文. 欧盟碳边境调节机制过渡期规则实施：逻辑理路、趋势意图及我国因应 [J]. 德国研究，2024，39（05）：46-65+135-136.

[27] 宋湘燕，赵亚琪. 美国关税政策的理论误区与现实目的 [J]. 清华金融评论，2020，（01）：97-101.

[28] 贾根良，杨威. 战略性新兴产业与美国经济的崛起——19世纪下半叶美国钢铁业发展的历史经验及对我国的启示 [J]. 经济理论与经济管理，2012，（01）：97-110.

[29] 李金锋. 美日半导体贸易争端的政治解决（1981—1992）[J]. 世界历史，2024，（04）：47-62+164.

[30] 彭波，施诚. 千年贸易战争史——贸易冲突与大国兴衰 [M]. 北京：中国人民大学出版社. 2021：43-53.

[31] 荆玲玲. 北美独立革命时期的茶与咖啡——日常消费、政治话语和独立革命 [J]. 史学月刊，2020，（02）：88-98.

[32] 何芊. 反《印花税法》风波与北美殖民地"爱国"话语的初步转变 [J]. 史学月刊，2015，（09）：81-92.

[33] 周建宇. 清朝前中期海关税制研究 [D]. 西南政法大学，2021. DOI：10.27422/d.cnki.gxzfu.2021.001551.

[34] 梁廷枏. 粤海关志（2002年版）[M]. 广东：广东人民出版社，2002，卷11，税则四，148-155+214.

[35] 高国荣. 从生产控制到土壤保护——罗斯福"新政"时期美国农业调整政策的演变及其影响 [J]. 北京师范大学学报（社会科学版），2022，（06）：93-106.

[36] 李勇. 美日半导体贸易摩擦的历程对我国的启示研究 [J]. 集成电路应用，2020，37（05）：1-4.

[37] 张薇薇. 美日半导体贸易摩擦与中美科技博弈：比较与思考 [J]. 南方金融，2023，（03）：80-89.

[38] 孙彦红. 欧盟"再工业化"战略解析 [J]. 欧洲研究，2013，31（05）：59-76+6.

[39] 翟东升，宁南山，赵云龙. 欧盟产业发展停滞的结构主义政治经济学分析 [J]. 世界经济与政治，2018，（08）：128-155+159-160.

[40] 蓝庆新，杨鹏辉，张心平. 欧盟对华电动汽车反补贴案的合规性分析 [J]. 国际贸易，2025，（02）：77-86.

[41] 朱鹏飞. 美国 337 条款的合法性及我国的对策——以 WTO 一般例外条款为视角 [J]. 南京社会科学，2013，（01）：81-86.

[42] 张丽娟，郭若楠. 国际贸易规则中的"国家安全例外"条款探析 [J]. 国际论坛，2020，22（03）：66-79+157-158.

[43] 刘颖. 区域贸易协定原产地规则演进趋势及其对技术进步的影响 [D]. 对外经济贸易大学，2022.

[44] 牛旭霞，王健. RCEP 原产地规则：条款解读与机遇分析 [J]. 广西社会科学，2024，（02）：62-69.

[45] 李西霞.《美墨加协定》汽车原产地规则劳动价值含量基本内涵、深层要义及现实启示 [J]. 国际法研究，2023，（04）：71-83.

[46] 赵世璐，李雪松. 后 TPP 时代 FTA 原产地规则国际比较与我国应对策略研究 [J]. 国际商务研究，2022，43（02）：71-83.

[47] 崔凡.《区域全面经济伙伴关系协定》原产地累积规则辨析 [J]. 上海对外经贸大学学报，2021，28（04）：69-75.

[48] 刘瑛，夏天佑. RCEP 原产地特色规则：比较、挑战与应对 [J]. 国际经贸探索，2021，37（06）：86-101.

[49] 石慧敏，林竞立，章凯莉. 借鉴发达经济体经验建立我国关税反规避制度 [J]. 税务研究，2025，（04）：109-115.

[50] 于海峰，余锦彦. 跨境电商出口企业税务风险管理探讨 [J]. 国际税收，2024，（05）：64-69.

[51] 余萍，张海亮，李垚. 浅析海外仓新业态中的税收管理与服务 [J]. 税务研究，2023，（03）：137-140.

[52] 胡玉真，闵锐，李倩倩. 考虑区位协同的海外仓选址及运输规划研究 [J]. 中国管理科学，2023，31（05）：249-259.

[53] 胡玉真，李倩倩，江山. 跨境电商企业海外仓选址多目标优化研究 [J]. 中国管理科学，2022，30（07）：201-209.

[54] 黄椿钰. 中国先进制造业出口市场多元化路径研究 [D]. 福州大学，2021.

[55] 王秋儿. 中国出口美 500 亿清单货物的市场多元化研究 [D]. 福州大学，2021.

[56] 孟宇斌. 金融危机后中国外贸企业出口转内销研究 [D]. 上海财经大学，2021.

[57] 周书航. H 公司贸易转型及出口转内销营销策略研究 [D]. 上海财经大学，2022.

[58] 王雪. ZA 制油公司出口转内销产品营销策略研究 [D]. 哈尔滨工业大学，2022.

[59] 陶琳琳. 我国果蔬产品出口企业战略转型研究 [D]. 南京农业大学，2022.

[60] 吴亚静. 中国纺织服装企业出口转内销对策研究 [D]. 吉林大学，2021.